Erdäpfel Reis Teigwaren

Thea GUTES GELINGT Kochbuch Nr. 13

1. Auflage 1996.
Herausgeber: THEA-Kochberatung, Kuner Nahrungsmittel
(Österreichische Unilever Ges.m.b.H.)
1230 Wien, Breitenfurter Straße 239
Tel.: (0222) 801 81 / 560

Buch- und Bildgestaltung: Gingko Design/W. D. Wilke+T. Kunschak
Lektorat: Dr. Helga Zoglmann
Fotos: Michael Inmann/Studio Sandmann Ges.m.b.H.

Verleger (Medieninhaber), Hersteller und Vertrieb:
Edition Zeit & Wort, Niederösterreichisches Pressehaus Druck- und Verlagsges. m. b. H, Gutenbergstraße 12, 3100 St. Pölten

ISBN 3 900 884 09 9

Liebe THEA-Freunde!
Liebe Koch- und Backfreunde!

Erdäpfel, Reis und Teigwaren nehmen in unserer heimischen Küche einen hohen Stellenwert ein, obwohl es sich eigentlich um „Exoten“ handelt.
Der Erdapfel hat seinen Ursprung in Amerika, der Reis stammt aus Asien, und die Teigwaren haben wir aus Italien übernommen.
Obwohl diese Nahrungsmittel zu den Grundpfeilern unserer Küche zählen, werden sie oft etwas stiefmütterlich behandelt und sehr häufig nur als Beilage verwendet.
Wie vielseitig und g'schmackig sie jedoch zubereitet werden können, soll Ihnen dieses Buch vermitteln. Wir haben für Sie darin eine Vielzahl delikater Rezepte für alle Kochbereiche – von der Suppe über Vorspeisen, Salate, Hauptgerichte (ohne Fleisch, mit Fleisch, mit Fisch), Beilagen, Aufläufe bis hin zu Mehlspeisen und Backwerk – zeitgemäß zusammengestellt.
Alle Rezepte sind von uns ausprobiert, übersichtlich und klar beschrieben und einfach zuzubereiten. Sie sind, wenn nicht anders angegeben, jeweils für 4 Personen.
Wir wünschen Ihnen viel Freude mit diesem Buch und schon jetzt guten Appetit.

Mit herzlichen Grüßen

Ihre Thea-Kochberatung

Inhaltsübersicht

SEITE

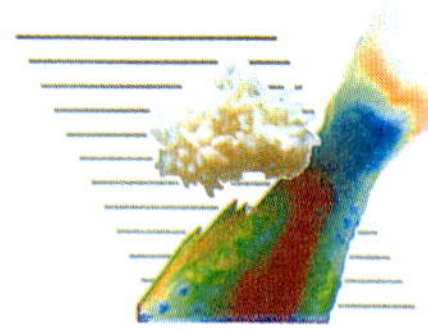

Inhaltsübersicht

SEITE

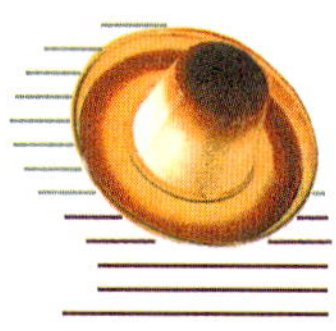

Suppen Eintöpfe

Rindsuppe

(6 Portionen)

60 dag Rindfleisch
10 dag Rindsleber und Milz
1 Suppengrün oder 25 dag gemischtes Wurzelwerk
3 dag THEA zum Anrösten
ca. 10 dag Zwiebel
1 Knoblauchzehe
5 Pfefferkörner
3 Neugewürzkörner
Salz
1 Gewürzbukett
Muskat (erst zum Schluß der Suppe beigeben)
1 Bund Schnittlauch, fein geschnitten

1. Wurzelwerk putzen, waschen, grobblättrig schneiden, in THEA anrösten; mit 2 oder 3 Liter kaltem Wasser aufgießen.
2. Fleisch, Milz und Leber beigeben, die Suppe langsam ankochen lassen, den Schaum mit einem Löffel abheben, Gewürzbukett, Gewürzkörner, Zwiebel und die geschälte Knoblauchzehe beigeben, salzen.
3. Die Suppe so lange köcheln lassen, bis Fleisch und Wurzelwerk weich sind.
4. Die Suppe abseihen, entfetten, mit Muskat und Salz nachwürzen.
5. Suppe mit Schnittlauch aufwerten.

Tips und Hinweise

1. Als Suppenfleisch eignet sich: Ochsenschlepp, Schlußstück, Schale, Tafelspitz, Beinfleisch.
2. Zum Wurzelwerk gehören: Karotte, gelbe Rübe, Petersilienwurzel, Zeller, Porree, ev. 1 Paradeiser.
3. Die Suppe erhält eine goldgelbe Farbe, wenn man die Zwiebel mit der Schale kocht.
4. Zum Gewürzbukett gehören: Zellerblätter, Petersilienblätter, Porree, Maggikraut (Liebstöckel), Lorbeerblatt.
5. Die Gewürze können auch, in ein kleines Leinenfleckchen gebunden, in der Suppe mitgekocht werden.
6. Die Suppe wird trüb, wenn sie zu stark kocht, deshalb läßt man einige Eischalen mitkochen.
7. Grüne Pflanzenteile nie rösten, sonst wird die Suppe bitter.
8. Die Suppe läßt sich leichter entfetten, wenn man sie erkalten läßt.
9. Die Suppe kann rascher zubereitet werden, wenn man sie mit weniger Wasser im Dampfkochtopf gart und nachher verdünnt.

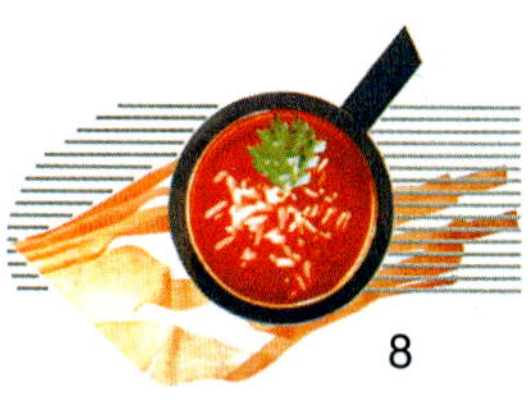

Knochenbrühe

(4 Portionen)

1. Wurzelwerk putzen, waschen, in Stücke schneiden.
2. Knochen in THEA anrösten, Wurzelwerk beigeben, kurz mitrösten, mit ca. 1½ Liter kaltem Wasser aufgießen, Zellerblätter, Petersilienblätter, Porree, halbierte Zwiebel mit der Schale dazugeben, mit Pfeffer- und Neugewürzkörnern und Salz würzen, Leber und Milz beigeben.
3. Die Suppe langsam erhitzen, dabei den sich bildenden Schaum abschöpfen, mindestens 1 Stunde langsam kochen lassen, auskühlen lassen, Fett abnehmen, abseihen, erwärmen, mit Salz und Muskat nachwürzen und vor dem Servieren mit Schnittlauch aufwerten.

1 kg Rindsknochen
10 dag Rindsleber und Milz
1 Bund Suppengrün oder 30 dag gemischtes Wurzelwerk
3 dag THEA
1 mittlere Zwiebel
Pfefferkörner
Neugewürzkörner
Salz
Muskat
1 Bund Schnittlauch, fein geschnitten

Tips und Hinweise

1. Die Suppe wird mit Fleischknochen kräftiger.
2. Einige Eischalen mitgekocht, helfen die Suppe klären.
3. Niemals grüne Pflanzenteile rösten, Suppe wird bitter.

Gemüsebrühe

(4 Portionen)

1. Wurzelwerk putzen, waschen, in grobe Stücke schneiden, in THEA goldbraun rösten, bis es duftet, mit ca. 1½ Liter kaltem Wasser aufgießen, das gewaschene Suppengrün, die halbierte Zwiebel mit der Schale (gibt der Suppe Farbe), Gewürze, den halbierten Paradeiser, geschälte Knoblauchzehe und Kräuter beigeben, ca. 1 Stunde langsam kochen lassen.
2. Die Suppe abseihen, nachwürzen (Salz und Muskat), mit feingeschnittenem Schnittlauch aufwerten.

2 Bund Suppengrün oder 50 dag gemischtes Wurzelwerk (Karotten, Petersilienwurzel, gelbe Rüben, Zeller)
Zellerblätter
Petersiliengrün
Maggikraut
Porree
1 mittlere Zwiebel
1 Knoblauchzehe
eventuell 1 Paradeiser
Pfefferkörner
Neugewürzkörner
Salz
Muskat
3 dag THEA zum Anrösten
1 Bund Schnittlauch

Tip

Das gekochte Wurzelwerk kann klein geschnitten als Einlage verwendet werden.

Erdäpfel

Erdäpfelschöberl

(4–6 Portionen)

35 dag mehlige Erdäpfel
5 dag Hamburgerspeck
5 dag THEA
2 Eier
1 Knoblauchzehe, zerdrückt
Salz
Pfeffer
Muskat
5 dag glattes Mehl
1 Kaffeelöffel Backpulver

THEA und Semmelbrösel für die Form

1. Erdäpfel kochen, schälen und heiß durch die Erdäpfelpresse drücken.
2. Speck kleinwürfelig schneiden, THEA zerlassen, Speck darin anrösten und heiß über die Erdäpfel gießen.
3. Eier und Knoblauch dazugeben, salzen, würzen.
4. Mehl mit Backpulver versieben und unterrühren.
5. Rehrückenform (mit 26 cm Länge) mit zerlassener THEA ausstreichen, mit Bröseln bestreuen, Masse einfüllen und im vorgeheizten Rohr auf mittlerer Schiene etwa 35 Minuten backen.
6. Schöberl in der Form überkühlen lassen, stürzen, in Scheiben schneiden und mit heißer Rindsuppe anrichten.

Gebackene Erdäpfelscheiben

(4–6 Portionen)

50 dag mehlige Erdäpfel
10 dag glattes Mehl
5 dag THEA
1 Ei
1 Bund Schnittlauch, fein geschnitten
2 Knoblauchzehen, zerdrückt
Salz
Muskat
Pfeffer
Mehl zum Ausarbeiten
THEA für das Backblech
5 dag Gouda, gerieben
5 dag Sonnenblumenkerne

1. Erdäpfel kochen, schälen und heiß durch die Erdäpfelpresse drücken.
2. Mehl, weiche THEA, Ei, Schnittlauch und Knoblauch dazugeben, kräftig salzen und würzen.
3. Alles zu einem glatten Teig verarbeiten und auf einer bemehlten Arbeitsfläche zu einer etwa 3 cm dicken Rolle formen.
4. Rolle in 1 cm dicke Scheiben schneiden, auf ein befettetes Backblech legen, mit Käse und Sonnenblumenkernen bestreuen und im vorgeheizten Backrohr bei 180 Grad etwa 20 Minuten backen. Erdäpfelscheiben in heißer Rindsuppe servieren.

Reisknöderln

(12 Stück)

1. THEA flaumig rühren, Dotter zufügen und nochmals gut durchrühren.
2. Schinken fein hacken und mit Reis und Petersilie in THEA-Dotter-Gemisch einrühren, kräftig salzen und würzen.
3. Eiklar zu festem Schnee schlagen und mit Mehl unter die Reismasse ziehen.
4. Mit befeuchteten Händen Knöderln formen, in kochendes Salzwasser einlegen und 10 Minuten ziehen lassen.
5. Knöderln mit einem Lochschöpfer aus dem Wasser heben und in heißer Rindsuppe servieren.

5 dag THEA
1 Dotter
10 dag Preßschinken
20 dag Reis, gekocht
(= 10 dag roher Reis)
1 Eßlöffel Petersilie, gehackt
Salz
Pfeffer
Muskat
1 Eiklar
5 dag glattes Mehl

Milzreisroulade

(4–6 Portionen)

1. Milz mit einem spitzen Messer ausschaben und mit Petersilie und Reis vermengen.
2. THEA flaumig rühren und Eier nach und nach unterrühren. Milzmasse untermengen, salzen und mit Pfeffer und Muskat würzen.
3. Geschirrtuch oder Stoffserviette gut befeuchten und mit zerlassener THEA bestreichen.
4. Milzreismasse auf untere Kante der Serviette in Weckenform auftragen, einrollen und Enden mit Spagat zusammenbinden.
5. Roulade in kochendes Salzwasser einlegen und bei geringer Hitze etwa 30 Minuten kochen lassen. Aus dem Wasser nehmen, gut abtropfen lassen, auswickeln, in Scheiben schneiden und in heißer Rindsuppe servieren.

15 dag Rindsmilz
1 Bund Petersilie, fein gehackt
20 dag Reis, gekocht
(= 10 dag roher Reis)
8 dag THEA
2 Eier
Salz
Pfeffer
Muskat

THEA zum Bestreichen
Salz

Kräuter-Suppennudeln

(4–6 Portionen)

20 dag glattes Mehl
2 Eier
3 Eßlöffel BONA-Öl
3 Eßlöffel Wasser
3 dag Petersilie, gehackt
3 dag Schnittlauch, geschnitten
1 Eßlöffel Thymian
Salz
Muskat
Mehl zum Ausarbeiten
Salz

1. Mehl auf einer Arbeitsfläche aufhäufen und eine Mulde bilden.
2. Eier mit Öl, Wasser sowie Kräutern verquirlen, in die Mulde gießen und mit Salz und Muskat würzen.
3. Alle Zutaten rasch zu einem geschmeidigen Teig verkneten, in Klarsichtfolie wickeln und etwa ½ Stunde rasten lassen.
4. Teig auf einer bemehlten Arbeitsfläche messerrückendick ausrollen und etwas antrocknen lassen.
5. Teigplatte in etwa 10 cm breite Streifen schneiden und diese feinnudelig schneiden.
6. Nudeln in Salzwasser bißfest kochen, abseihen und in heißer Rindsuppe anrichten.

Tips und Hinweise

1. Nudelteig kann auch mit getrockneten, geriebenen Steinpilzen verfeinert werden.
2. Nudeln können auch auf Vorrat zubereitet werden. Geschnittene Nudeln einige Stunden trocknen lassen und in einem verschließbaren Gefäß aufbewahren.

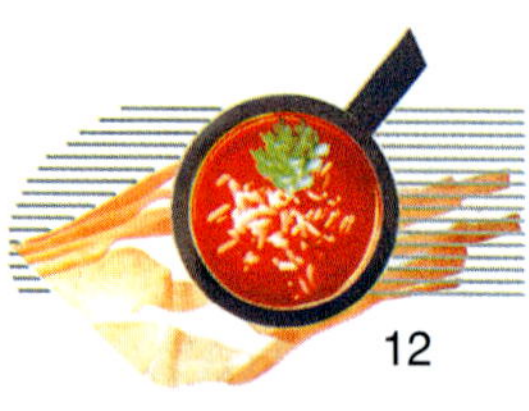

Schlickkrapferln

(12 Stück)

1. Teig: Mehl auf einer Arbeitsfläche aufhäufen, eine Mulde bilden, Ei, Öl, Wasser sowie Salz zufügen und alles rasch zu einem glatten Teig verkneten.
2. Teig in Klarsichtfolie wickeln und 1/2 Stunde rasten lassen.
3. Fülle: Rindfleisch und Selchfleisch fein hacken. Zwiebel schälen, kleinwürfelig schneiden, in zerlassener THEA anrösten, Petersilie und Knoblauch kurz mitrösten, Fleisch zufügen, gut durchmengen und von der Hitze nehmen.
4. Dotter zufügen und mit Salz, Pfeffer sowie Majoran kräftig würzen und aus der Masse Knöderln formen.
5. Teig messerrückendick auf einer bemehlten Arbeitsfläche ausrollen, mit einem runden Ausstecher (mit 10 cm Durchmesser) Scheiben ausstechen und mit verquirltem Ei bestreichen.
5. Auf jede Teigscheibe ein Fleischknöderl legen, zusammenklappen, mit den Fingern festdrücken und eventuell nochmals ausstechen.
7. Krapferln in kochendes Salzwasser einkochen, einige Minuten kochen lassen, abseihen und in heißer Rindsuppe anrichten.

Teig:
20 dag glattes Mehl
1 Ei
2 Eßlöffel BONA-Öl
3 Eßlöffel Wasser
Salz

Fülle:
5 dag Rindfleisch, gekocht
5 dag Selchfleisch, gekocht
1 kleine Zwiebel
5 dag THEA
3 Eßlöffel Petersilie, gehackt
2 Knoblauchzehen, zerdrückt
2 Dotter
Salz
Pfeffer
Majoran

Mehl zum Ausarbeiten
1 Ei zum Bestreichen
Salz

Tip

Für die Fülle kann man auch nur Rindfleisch oder Braten- und Wurstreste verwenden.

Maultaschen

(20 Stück)

Teig:
20 dag glattes Mehl
1 Ei
1 Dotter
3 Eßlöffel Wasser
3 Eßlöffel BONA-Öl
Salz

Fülle:
2 dag getrocknete Steinpilze
25 dag Champignons
1 kleine Zwiebel
3 Eßlöffel BONA-Öl
1 kleine Karotte
Salbei
Salz
Pfeffer
2 Eßlöffel Petersilie, fein gehackt

Mehl zum Ausarbeiten

1. Teig: Mehl auf einer Arbeitsfläche aufhäufen, eine Mulde bilden, Ei, Dotter, Wasser, Öl sowie Salz zufügen und alles rasch zu einem geschmeidigen Teig verkneten.
2. Teig in Klarsichtfolie wickeln und 30 Minuten rasten lassen.
3. Fülle: Steinpilze in 1/8 l Wasser einweichen. Champignons putzen und fein hacken. Zwiebel schälen, kleinwürfelig schneiden und in Öl anrösten. Karotte putzen, grob raffeln und mitrösten. Champignons zufügen, Pilze ausdrücken, hacken, mit dem Einweichwasser zufügen und im eigenen Saft dünsten. Mit Salbei, Salz und Pfeffer würzen, Petersilie einrühren und überkühlen lassen.
4. Teig auf einer bemehlten Arbeitsfläche messerrückendick ausrollen und in 4 gleichgroße Streifen schneiden.
5. Teigstreifen mit Wasser bestreichen, auf den unteren Teilen des Teigs in ca. 5 cm breiten Abständen die Fülle mit einem Kaffeelöffel auftragen. Die oberen Teile darüberklappen, Zwischenräume festdrücken und in Quadrate schneiden.
6. Maultaschen in Salzwasser einkochen, 10 Minuten ziehen lassen, abseihen und in heißer Rindsuppe anrichten.

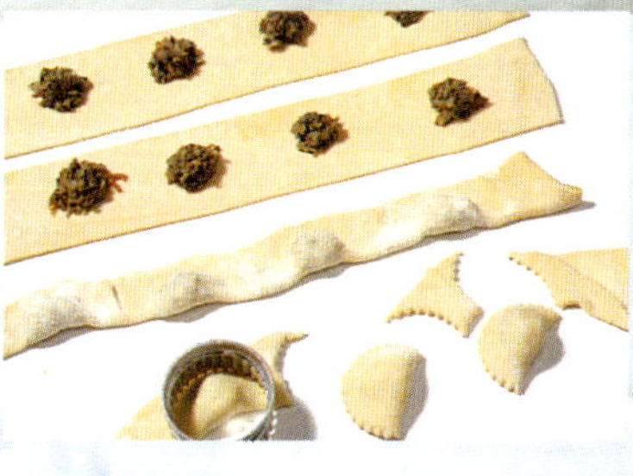

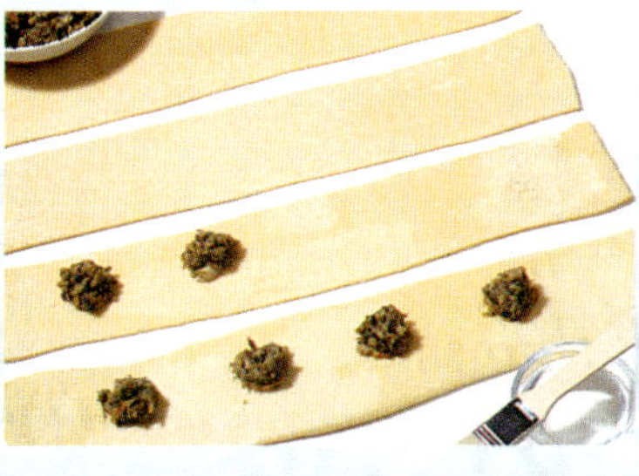

Lauch-Erdäpfel-Suppe

(4 Portionen)

4 Lauchstangen, mittelgroß
½ kg mehlige Erdäpfel
5 dag THEA
6 Eßlöffel Crème fraîche
1 Bund Kerbelkraut oder Petersilie, fein gehackt
Salz
Pfeffer

1. Lauch waschen, Dunkles der Lauchstangen wegschneiden, restlichen Lauch in feine Ringe schneiden.
2. In einer Kasserolle THEA heiß werden lassen, Lauch dazugeben, salzen und glasig dünsten.
3. Gewaschene, geschälte, halbierte und in Scheiben geschnittene Erdäpfel dazugeben, mit ca. 1¼ l Wasser aufgießen und 15 Minuten kochen lassen.
4. Crème fraîche unterziehen (nicht mehr aufkochen lassen), pfeffern, Kerbelkraut oder Petersilie einrühren.

Feine Erdäpfelsuppe mit Lachsstreifen

(4 Portionen)

½ l Milch
½ l Rindsuppe (Würfelsuppe)
1 Lorbeerblatt
3 Wacholderbeeren
30 dag mehlige Erdäpfel
⅛ l Schlagobers
weißer Pfeffer
Salz

10 dag Räucherlachs
Dille zum Garnieren

1. Milch mit Suppe, Lorbeerblatt und Wacholderbeeren bei geringer Hitze etwa 5 Minuten kochen.
2. Erdäpfel schälen, in nicht zu kleine Würfel schneiden, in die Suppe geben und etwa 30 Minuten kochen lassen.
3. Gewürze entfernen, Suppe mit Obers pürieren, mit Pfeffer und Salz abschmecken.
4. Lachs in dünne Streifen schneiden, Suppe anrichten, mit Lachsstreifen bestreuen und mit Dillzweigen garnieren.

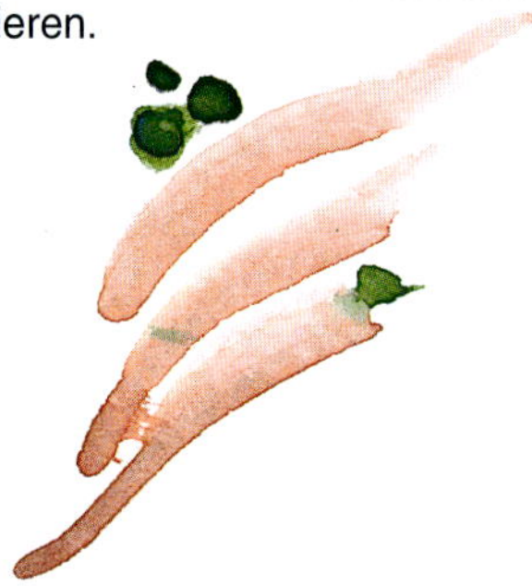

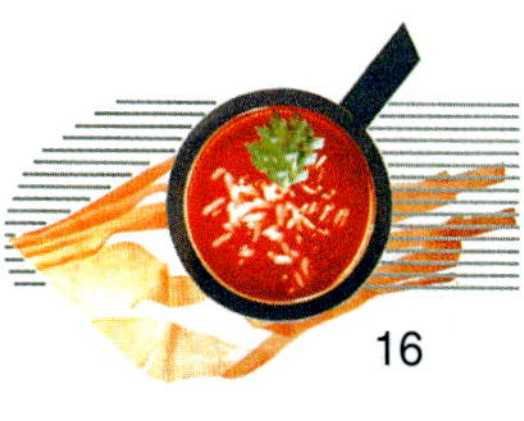

Erdäpfelcremesuppe mit Austernpilzen
(4 Portionen)

1. Zwiebel schälen, kleinwürfelig schneiden, Karotte putzen, grob raffeln und beides in Öl anrösten.
2. Erdäpfel schälen, großwürfelig schneiden, kurz mitrösten und mit Suppe aufgießen, salzen, würzen, 20 Minuten kochen lassen und pürieren.
3. Austernpilze putzen, in feine Streifen schneiden, Speck kleinwürfelig schneiden und beides in Öl anrösten, Hitze etwas zurücknehmen und im eigenen Saft dünsten.
4. Pilze zur Suppe geben, nochmals aufkochen lassen und mit Petersilie bestreut servieren.

1 kleine Zwiebel
1 kleine Karotte
3 Eßlöffel BONA-Öl
35 dag mehlige Erdäpfel
1 l Rindsuppe (Würfelsuppe)
Majoran
Muskat
Salz
Pfeffer
15 dag Austernpilze
5 dag Hamburgerspeck
2 Eßlöffel BONA-Öl
1/2 Bund Petersilie, fein gehackt

Erdäpfel-Dill-Suppe
(4 Portionen)

1. Suppe mit Pfefferkörnern etwa 10 Minuten kochen.
2. Erdäpfel schälen, großwürfelig schneiden, zur Suppe geben und weich kochen.
3. Pfefferkörner entfernen und Suppe pürieren.
4. Gurke schälen, der Länge nach halbieren, entkernen, in 1/2 cm dicke Stücke schneiden, zur Suppe geben und etwa 10 Minuten mitkochen lassen.
5. Suppe von der Hitze nehmen, Rahm mit einem Schneebesen unterrühren, Dille und Knoblauch dazugeben, salzen, pfeffern, alles nochmals aufkochen lassen.

1 l Rindsuppe (Würfelsuppe)
5 Pfefferkörner
40 dag mehlige Erdäpfel
1 Salatgurke
1/8 l Sauerrahm
3 Eßlöffel Dille, gehackt
2 Knoblauchzehen, zerdrückt
Salz
Pfeffer

Tip

Suppe schmeckt besonders fein, wenn kurz vor dem Servieren gekochte Shrimps dazugegeben werden.

Karotten-Erdäpfel-Suppe

(4 Portionen)

25 dag mehlige Erdäpfel
25 dag Karotten
3 dag THEA
1 l Rindsuppe (Würfelsuppe)
Kräutersalz
Pfeffer
½ Bund Petersilie, fein gehackt

1. Erdäpfel schälen, Karotten putzen und beides kleinwürfelig schneiden.
2. THEA zerlassen, Erdäpfel und Karotten darin anrösten, mit Suppe aufgießen und etwa 20 Minuten kochen lassen.
3. Suppe mit Kräutersalz und Pfeffer kräftig abschmecken, pürieren, nochmals aufkochen lassen und mit Petersilie bestreut servieren.

Anmerkung

Sollte die Suppe nach dem Pürieren zu dick sein, mit etwas Milch verdünnen.

Wiener Erdäpfelsuppe

(4 Portionen)

40 dag mehlige Erdäpfel
1 Zwiebel
4 dag Hamburgerspeck
3 Eßlöffel BONA-Öl
1 kleine Karotte
5 dag Sellerie
1 l Rindsuppe (Würfelsuppe)
4 dag getrocknete Steinpilze, eingeweicht
1 Lorbeerblatt
4 Pfefferkörner
3 Wacholderbeeren
⅛ l Sauerrahm
1 Knoblauchzehe, zerdrückt
Salz
Pfeffer

1. Erdäpfel schälen und kleinwürfelig schneiden.
2. Zwiebel schälen, fein hacken, Speck kleinwürfelig schneiden und beides in heißem Öl anrösten.
3. Karotte und Sellerie putzen, fein raffeln und samt den Erdäpfeln kurz mitrösten.
4. Mit Suppe aufgießen, Pilze, Lorbeerblatt, Pfefferkörner und Wacholderbeeren zufügen und Suppe etwa 30 Minuten kochen lassen.
5. Lorbeerblatt entfernen, ⅓ der Suppe pürieren oder passieren und zur restlichen Suppe geben.
6. Suppe von der Hitze nehmen, Rahm mit einem Schneebesen unterrühren, mit Knoblauch, Salz und Pfeffer abschmecken und bei mittlerer Hitze noch 10 Minuten kochen lassen.

Petersiliencremesuppe mit Erdäpfelcroutons

(4 Portionen)

1. Erdäpfel schälen, kleinwürfelig schneiden und in reichlich Salzwasser etwa 8 Minuten kochen, abseihen und gut abtropfen lassen.
2. Suppe: Petersilie waschen, Blättchen abzupfen, blanchieren und kalt abschwemmen.
3. Zwiebel schälen, kleinwürfelig schneiden, in zerlassener THEA anrösten, Petersilie sowie die Hälfte der Erdäpfelwürfel dazugeben und kurz mitrösten.
4. Mit Suppe und Obers aufgießen, würzen und etwa 10 Minuten bei mittlerer Hitze kochen lassen.
5. Suppe pürieren und eventuell etwas nachwürzen; mit den Erdäpfelcroutons anrichten.
6. Erdäpfelcroutons: Die abgetropften Erdäpfelwürfel in THEA knusprig anbraten und salzen.

40 dag mehlige Erdäpfel
3 Bund Petersilie
1 Zwiebel
2 dag THEA
1 l Rindsuppe (Würfelsuppe)
$^{1}/_{16}$ l Schlagobers
Salz
Pfeffer
Muskat

4 dag THEA

Paprika grün
Kartoffeln
Karotten
Sellerie } nicht zu viel

Kürbis-Erdäpfel-Suppe

(6 Portionen)

Zwiebeln statt Lauch

(8 dag Lauch)
3 Eßlöffel BONA-Öl
2 Eßlöffel Paradeismark
1 l Rindsuppe (Würfelsuppe)
30 dag mehlige Erdäpfel
30 dag Kürbis
Kümmel
1 Lorbeerblatt
5 Pfefferkörner
1/8 l Schlagobers
Salz
Pfeffer
2 Eßlöffel Petersilie, fein gehackt

5 dag Kürbiskerne zum Bestreuen

1. Lauch putzen, in feine Ringe schneiden und im heißen Öl anrösten. Paradeismark dazugeben, gut durchrühren und mit Suppe aufgießen.
2. Erdäpfel und Kürbis schälen, Kürbis entkernen, beides kleinwürfelig schneiden und zur Suppe geben.
3. Kümmel, Pfefferkörner und Lorbeerblatt dazugeben und etwa 20 Minuten kochen lassen.
4. Suppe passieren, Obers zufügen, mit Salz und Pfeffer abschmecken, einmal aufkochen und mit Petersilie verfeinern.
5. Suppe anrichten und mit Kürbiskernen bestreuen.

Tip

Suppe eventuell mit etwas Kürbiskernöl verfeinern.

Erdäpfel-Kraut-Suppe

(4 Portionen)

1 Zwiebel
3 Eßlöffel BONA-Öl
5 dag Hamburgerspeck
2 Eßlöffel edelsüßes Paprikapulver
1 l Suppe (Würfelsuppe)
20 dag Weißkraut
20 dag mehlige Erdäpfel
Majoran
Kümmel
3 Knoblauchzehen, zerdrückt
1 Eßlöffel glattes Mehl
Salz
Pfeffer
1/8 l Sauerrahm

1. Zwiebel schälen, kleinwürfelig schneiden und in Öl anrösten. Speck in dünne Streifen schneiden, mitrösten, Paprikapulver zufügen und sofort mit Suppe aufgießen.
2. Krautstrunk entfernen, Kraut feinnudelig schneiden, zur Suppe geben und etwa 15 Minuten kochen.
3. Erdäpfel schälen, kleinwürfelig schneiden, mit Majoran, Kümmel und Knoblauch zur Suppe geben und weitere 20 Minuten kochen lassen.
4. Mehl mit 1/8 l Wasser glattrühren, Suppe von der Hitze nehmen, Mehlgemisch unterrühren, mit Salz und Pfeffer würzen und Suppe bei geringer Hitze weitere 10 Minuten kochen lassen.
5. Suppe mit jeweils einem Eßlöffel Sauerrahm anrichten.

Stoßsuppe (Stosuppe)

(4 Portionen)

1. Erdäpfel waschen, schälen, würfelig schneiden, in Salzwasser weich kochen.
2. Wasser mit Kümmel und Salz kochen.
3. Mehl mit saurer Milch und Rahm gut verrühren, ins Kümmelwasser einrühren, aufkochen, die Erdäpfel beifügen.

20 dag Erdäpfel
$^{1}/_{2}$ l Wasser
1 Kaffeelöffel Kümmel, ganz
Salz
1 l saure Milch
1 dag glattes Mehl
$^{1}/_{8}$ l Rahm

Reis

Feurige Mitternachtssuppe

(4 Portionen)

1. Zwiebel schälen, fein hacken, Speck kleinwürfelig schneiden und beides in Öl anrösten.
2. Paprikaschote waschen, halbieren, entkernen, in feine Streifen schneiden, zur Zwiebel geben und kurz mitrösten.
3. Reis, Paradeismark und Paprikapulver zugeben, gut verrühren und sofort mit Suppe aufgießen.
4. Sauerkraut waschen, gut ausdrücken, grob hacken, Knoblauch, Lorbeerblatt und Pfefferkörner zugeben, alles in die Suppe geben und diese zugedeckt bei mittlerer Hitze 20 Minuten kochen lassen.
5. Suppe mit Salz, Pfeffer und Tabascosauce kräftig abschmecken und kurz vor dem Servieren Tequila oder Gin unterrühren.

Tip

Suppe wird noch ausgiebiger, wenn man sie mit gebratenen Speckscheiben und Sauerrahm anrichtet.

1 Zwiebel
10 dag Hamburgerspeck
3 Eßlöffel BONA-Öl
1 grüne Paprikaschote
8 dag Langkornreis
3 Eßlöffel Paradeismark
1 Kaffeelöffel Paprikapulver, scharf
1$^{1}/_{4}$ l Rindsuppe (Würfelsuppe)
12 dag Sauerkraut
4 Knoblauchzehen, zerdrückt
1 Lorbeerblatt
5 Pfefferkörner
Salz
Pfeffer
Tabascosauce
4 cl Tequila oder Gin

Zucchinicremesuppe mit Wildreis

(4 Portionen)

3 dag THEA
6 dag Wildreis
3/8 l Rindsuppe (Würfelsuppe)
1 l Rindsuppe (Würfelsuppe)
1 kleine Zwiebel
3 dag THEA
60 dag Zucchini
Thymian
2 Knoblauchzehen, zerdrückt
2 Eßlöffel Crème fraîche
Salz
Pfeffer

1. THEA heiß werden lassen, Reis darin kurz anrösten, mit Suppe aufgießen und weich dünsten.
2. Zucchini waschen und grob schneiden.
3. Zwiebel schälen, kleinwürfelig schneiden, in zerlassener THEA anrösten, Zucchini kurz mitrösten und mit Suppe aufgießen.
4. Mit Thymian und Knoblauch würzen und Suppe etwa 20 Minuten kochen lassen.
5. Crème fraîche einrühren, Suppe pürieren, Reis zufügen und mit Salz und Pfeffer abschmecken.

Paradeis-Reis-Suppe

(4 Portionen)

60 dag Paradeiser, sehr reif
10 dag Suppengrün
3 Eßlöffel BONA-Öl
5 dag Langkornreis
1/2 l Rindsuppe (Würfelsuppe)
Thymian
Salz
Pfeffer
6 dag Crème fraîche

1. Paradeiser kreuzweise einschneiden, blanchieren, kurz in kaltes Wasser legen, schälen, halbieren, entkernen und pürieren.
2. Suppengrün putzen, grob raffeln, in Öl anrösten, Reis kurz mitrösten und mit Paradeispüree und Suppe aufgießen.
3. Suppe mit Thymian, Salz und Pfeffer würzen und etwa 30 Minuten kochen lassen.
4. 3 Eßlöffel Suppe mit Crème fraîche glattrühren, Suppe von der Hitze nehmen, abgerührte Crème fraîche mit einem Schneebesen unterrühren und Suppe einmal aufkochen lassen.

Hinweis

Die Suppe kann zusätzlich mit etwas Zucker abgeschmeckt werden.

Eingemachte Hühnersuppe

(4 Portionen)

1. 1½ l Wasser aufkochen, Huhn hineingeben, salzen und bei mittlerer Hitze etwa 40 Minuten kochen lassen.
2. Huhn aus der Suppe nehmen, überkühlen lassen, Knochen auslösen, Fleisch in kleine Stücke schneiden.
3. Karotte putzen, Kohlrübe schälen und beides kleinwürfelig schneiden.
4. Gemüse und Reis zur Suppe geben und etwa 20 Minuten kochen.
5. Hühnerfleisch und Erbsen zufügen und einmal aufkochen lassen.
6. Obers mit Mehl glattrühren, Suppe von der Hitze nehmen, Obers-Mehl-Mischung mit einem Schneebesen unterrühren und Suppe weitere 5 Minuten kochen lassen.
7. Suppe mit Salz, Muskat und Pfeffer abschmecken.

½ Huhn
1 Karotte
1 kleine Kohlrübe
6 dag Langkornreis
10 dag IGLO-Erbsen
1/16 l Schlagobers
3 dag glattes Mehl
Salz
Muskat
Pfeffer

Legierte Reissuppe

(4 Portionen)

1. Reis in zerlassener THEA kurz anrösten, mit Suppe aufgießen und etwa 30 Minuten bei geringer Hitze kochen lassen.
2. Eier verquirlen, in die heiße Suppe gießen und 2 bis 3 Minuten kochen lassen.
3. Hitze reduzieren, Obers zufügen und Suppe mit Salz abschmecken.
4. Suppe anrichten und mit Schnittlauch bestreuen.

8 dag Langkornreis
3 dag THEA
1 l Rindsuppe (Würfelsuppe)
2 Eier
⅛ l Schlagobers
Salz
1 Bund Schnittlauch,
fein geschnitten

Hinweis

Suppe nach der Zugabe von Obers nicht mehr aufwallen lassen, Obers flockt sonst aus.

Kohlminestra

(4 Portionen)

50 dag Kohl
1 Eßlöffel THEA
1 l Rindsuppe (Würfelsuppe)
8 dag Reis
Salz
Pfeffer
1 Bund Petersilie, fein gehackt

1. Vom Kohl das Welke entfernen, Kohl waschen, vierteln, nudelig schneiden, in einer Kasserolle THEA heiß werden lassen, Kohl darin kurz dünsten.
2. Suppe zum Kochen bringen, Reis einstreuen, 5 Minuten kochen, den Kohl beifügen, weich kochen, salzen, pfeffern. Vor dem Servieren mit Petersilie aufwerten.

Tips und Hinweise

1. In die Kohlsuppe können auch würfelig geschnittene Erdäpfel oder Nudeln eingekocht werden.
2. Die Kohlsuppe kann auch mit geriebenem Parmesan bestreut werden.

Teigwaren

Deftige Rahmsuppe mit Nockerln

(4 Portionen)

1 Zwiebel
3 dag THEA
8 dag Grammeln
5 dag glattes Mehl
1¼ l Rindsuppe (Würfelsuppe)
Kümmel
Majoran
3 Knoblauchzehen, zerdrückt

Nockerlteig:
15 dag glattes Mehl
2 Eier
Salz
Pfeffer

3 Eßlöffel Petersilie, gehackt

1. Zwiebel schälen, kleinwürfelig schneiden und in THEA anrösten. Grammeln grob hacken und kurz mitrösten.
2. Mehl zufügen, gut verrühren, mit Suppe aufgießen und mit einem Schneebesen kräftig durchrühren.
3. Kümmel, Majoran und Knoblauch dazugeben; Suppe etwa 10 Minuten kochen lassen.
4. Teig: Mehl mit Eiern, Salz und Pfeffer gut vermengen, aus dem Teig mit einem Kaffeelöffel Nockerln abstechen und in die kochende Suppe einlegen.
5. Suppe mit Salz und Pfeffer kräftig würzen und bei geringer Hitze weitere 10 Minuten kochen lassen. Suppe anrichten und mit Petersilie bestreuen.

Reisnudelsuppe mit Safran

(4 Portionen)

1. Frühlingszwiebeln putzen (dunkles Blattgrün entfernen), in feine Ringe schneiden und in Öl anrösten.
2. Zucchini waschen, kleinwürfelig schneiden, zufügen und kurz mitrösten.
3. Mit Bouillon aufgießen, Suppe einmal aufkochen lassen und Safran hineinstreuen.
4. Paradeiser am Blütenansatz kreuzweise einschneiden, blanchieren, kurz in kaltes Wasser legen, schälen, entkernen, kleinwürfelig schneiden und zur Suppe geben.
5. Reisnudeln mehrmals brechen, in die Suppe einkochen, etwa 5 Minuten kochen lassen und mit Knoblauch, Salz, Pfeffer und Cayennepfeffer abschmecken.

1 Bund Frühlingszwiebeln
3 Eßlöffel BONA-Öl
15 dag Zucchini
1 l Bouillon (Würfelsuppe)
1 Säckchen Safran
1 Fleischparadeiser
(ca. 20 dag)
5 dag Reisnudeln
1 Knoblauchzehe, zerdrückt
Salz
Pfeffer
Cayennepfeffer

Klare Gemüsesuppe mit Nudeln

(4 Portionen)

1 Bund Suppengrün (ca. 15 dag)
10 dag Karfiol
3 dag THEA
1 l Bouillon (Würfelsuppe)
15 dag IGLO-Erbsen
5 dag Suppennudeln
Salz
1 Bund Schnittlauch

1. Suppengrün putzen und kleinwürfelig schneiden.
2. Karfiol putzen und in kleine Röschen teilen.
3. Gemüse in THEA anrösten, mit Bouillon aufgießen und etwa 20 Minuten kochen lassen.
4. Erbsen und Nudeln zufügen, etwa 5 Minuten kochen lassen und mit Salz abschmecken.
5. Suppe anrichten und mit feingeschnittenem Schnittlauch bestreuen.

Minestrone alla Bolognese

(4 Portionen)

1 kleine Zwiebel
5 dag Hamburgerspeck
3 dag Lauch
3 Eßlöffel BONA-Öl
2 Eßlöffel Paradeismark
1 l Rindsuppe (Würfelsuppe)
1/2 Karotte
3 dag Sellerie
1/2 kleiner Kohlrabi
2 Knoblauchzehen, zerdrückt
Oregano
10 dag Zucchini
5 dag Spaghetti
Salz
Pfeffer
5 dag Parmesan, gerieben

1. Zwiebel schälen, fein hacken, Speck kleinwürfelig schneiden, Lauch putzen, in feine Ringe schneiden und alles in heißem Öl anrösten.
2. Paradeismark dazugeben und sofort mit Suppe aufgießen.
3. Karotte und Sellerie putzen, Kohlrabi schälen, alles kleinwürfelig schneiden und in die Suppe geben.
4. Knoblauch und Oregano zufügen.
5. Zucchini waschen, kleinwürfelig schneiden, Spaghetti in kleine Stücke brechen, beides in die Suppe geben und bei geringer Hitze etwa 20 Minuten kochen lassen.
6. Suppe mit Salz und Pfeffer würzen, anrichten und mit Parmesan bestreuen.

Anmerkung

1. Anstatt Knollensellerie kann auch Stangensellerie verwendet werden.
2. Minestrone alla Milanese: Anstelle der Spaghetti Reis dazugeben.

Chinesische Hühnersuppe

(4 Portionen)

1 Hühnerbrust (ca. 20 dag)
3 dag THEA
2 Eßlöffel Weißweinessig
1 l Hühnerbouillon (Würfelsuppe)
10 dag Lauch
1 Karotte
1 rote Paprikaschote
1 Eßlöffel Stärkemehl
1/8 l Wasser
4 Eßlöffel Ketchup
2 Eßlöffel Worcestersauce
1 Kaffeelöffel Tabascosauce
3 Knoblauchzehen, zerdrückt
1 Eßlöffel Sesamöl
Salz
Pfeffer
5 dag Suppennudeln
Salz

1. Hühnerbrust in dünne Streifen schneiden und in THEA anbraten.
2. Mit Essig ablöschen und mit Bouillon aufgießen.
3. Lauch putzen, in 1 cm dicke Stücke schneiden. Karotte putzen, in dünne Scheiben schneiden, Paprikaschote waschen, halbieren, entkernen, in dünne Streifen schneiden und alles zur Suppe geben.
4. Stärkemehl mit Wasser, Ketchup, Worcestersauce, Tabascosauce, Knoblauch und Sesamöl verrühren und unter ständigem Rühren in die Suppe einkochen.
5. Suppe mit Salz und Pfeffer abschmecken und etwa 15 Minuten bei geringer Hitze kochen lassen.
6. Suppennudeln in Salzwasser bißfest kochen, abseihen und in die Hühnersuppe geben.

Tip

Man kann die Suppe zusätzlich mit etwas Honig und Cayennepfeffer abschmecken.

Erdäpfel

Erdäpfel-Kohlrabi-Eintopf

(4 Portionen)

50 dag Kohlrabi
50 dag Erdäpfel
5 dag THEA
1 l Rindsuppe (Würfelsuppe)
Salz
Pfeffer
1 Becher Crème fraîche
20 dag Schinken
1 Bund Petersilie, gehackt

1. Kohlrabi und Erdäpfel schälen, beides großwürfelig schneiden und in zerlassener THEA anrösten.
2. Mit Suppe aufgießen, mit Salz und Pfeffer würzen und bei mittlerer Hitze etwa 20 Minuten kochen lassen.
3. 1/4 des Eintopfs mit Crème fraîche pürieren und wieder zugeben.
4. Schinken großwürfelig schneiden, beifügen und noch einige Minuten kochen lassen. Eintopf von der Hitze nehmen und Petersilie beifügen.

Fisolen-Erdäpfel-Eintopf

(4 Portionen)

30 dag Fisolen
35 dag speckige Erdäpfel
1 rote Paprikaschote
1 kleine Zwiebel
3 dag THEA
1 Eßlöffel edelsüßes Paprikapulver
3/4 l Rindsuppe (Würfelsuppe)
2 Paar Debreziner
Salz
Pfeffer
1/8 l Sauerrahm

1. Fisolen waschen und in etwa 3 cm lange Stücke schneiden. Erdäpfel schälen, vierteln oder achteln, Paprikaschote waschen, halbieren, entkernen und kleinwürfelig schneiden.
2. Zwiebel schälen, kleinwürfelig schneiden, in THEA anrösten, Paprikawürfel zufügen, kurz mitrösten, Paprikapulver beigeben und sofort mit Suppe aufgießen.
3. Erdäpfel und Fisolen dazugeben, Würstel in dickere Scheiben schneiden und ebenfalls zugeben.
4. Mit Salz und Pfeffer abschmecken und bei mittlerer Hitze 20 Minuten kochen lassen.
5. Eintopf in Tellern anrichten, mit Sauerrahm garnieren.

Erdäpfel-Fisch-Eintopf

(4 Portionen)

1. Wurzelwerk grob raffeln, Zwiebel schälen, kleinwürfelig schneiden und beides in THEA anrösten. Paprikapulver zugeben, mit Suppe aufgießen, etwa 15 Minuten kochen lassen und pürieren.
2. Erdäpfel schälen, Karotten putzen und beides in dünne Scheiben schneiden, in den pürierten Eintopf geben, mit Knoblauch, Salz, Pfeffer sowie Tabascosauce würzen und etwa 20 Minuten kochen lassen.
3. Fischfilets in Stücke schneiden, mit Zitronensaft beträufeln, mit Salz und Pfeffer würzen, zum Eintopf geben und bei geringer Hitze etwa 10 Minuten leicht kochen lassen.

10 dag Wurzelwerk
1 Zwiebel
3 dag THEA
3 Eßlöffel edelsüßes Paprikapulver
1 l Rindsuppe (Würfelsuppe)
45 dag speckige Erdäpfel
15 dag Karotten
3 Knoblauchzehen, zerdrückt
Salz
Pfeffer
Tabascosauce
50 dag Fischfilets (Kabeljau, Goldbarsch, Seelachs)
Saft von ½ Zitrone
Salz, Pfeffer

Gemüse-Wurst-Eintopf

(4 Portionen)

1. Erdäpfel schälen und vierteln, Karotten putzen; Karotten und Wurst in 2 cm dicke Scheiben schneiden.
2. Zwiebel schälen, kleinwürfelig schneiden und in THEA anrösten, Erdäpfel, Karotten und Wurst dazugeben, gut durchrösten und mit Suppe aufgießen.
3. Mit Knoblauch, Thymian, Salz und Pfeffer würzen und bei mittlerer Hitze 20 Minuten kochen.
4. Fisolen waschen, putzen, in Stücke schneiden, in Salzwasser 3 bis 4 Minuten kochen, abseihen, zum Eintopf geben und weitere 10 Minuten kochen lassen.

Anmerkung

Es können auch tiefgekühlte Fisolen verwendet werden, diese braucht man nicht vorkochen, sondern kann sie im tiefgekühlten Zustand beifügen.

40 dag mehlige Erdäpfel
20 dag Karotten
15 dag Knoblauchwurst
1 kleine Zwiebel
3 dag THEA
½ l Rindsuppe (Würfelsuppe)
2 Knoblauchzehen, zerdrückt
Thymian
Salz
Pfeffer
15 dag Fisolen
Salz

Linsen-Wild-Eintopf

(4 Portionen)

40 dag Rehschulter
1/8 l trockener Rotwein
4 Eßlöffel BONA-Öl
3 Wacholderbeeren
3 Pfefferkörner
1 Bund Wurzelwerk
5 dag THEA
1 Zwiebel
3/4 l Rindsuppe (Würfelsuppe)
12 dag Linsen
Thymian
1 Lorbeerblatt
40 dag mehlige Erdäpfel
Salz
Pfeffer
etwas Rotweinessig
1 Eßlöffel glattes Mehl
3 Eßlöffel Wasser

1. Fleisch kleinwürfelig schneiden und mit Wein, Öl, Wacholderbeeren und Pfefferkörnern vermengen.
2. Wurzelwerk putzen, grob raffeln, die Hälfte mit dem Fleisch vermengen und zugedeckt etwa 4 bis 6 Stunden im Kühlschrank ziehen lassen.
3. Zwiebel schälen, fein hacken und samt restlichem Wurzelwerk in THEA anrösten.
4. Fleisch abtropfen lassen (mit Küchenkrepp trockentupfen), zur Zwiebelröstung geben und mitrösten.
5. Mit der abgeseihten Marinade und der Suppe aufgießen. Linsen, Thymian und Lorbeerblatt zugeben und bei geringer Hitze etwa 45 Minuten kochen.
6. Erdäpfel schälen, kleinwürfelig schneiden, zum Fleisch geben, gut verrühren und mit Salz und Pfeffer würzen. Essig zugeben und Eintopf weitere 20 Minuten kochen lassen.
7. Mehl mit Wasser glattrühren, Eintopf von der Hitze nehmen, Mehlgemisch gut unterrühren und einige Minuten weiterkochen lassen.

Chinakohl-Eintopf

(4 Portionen)

5 dag Hamburgerspeck
2 Eßlöffel BONA-Öl
1 Chinakohl (ca. 80 dag)
3/4 l Rindsuppe (Würfelsuppe)
25 dag mehlige Erdäpfel
2 Paar Bratwürstel
2 Knoblauchzehen, zerdrückt
Salz
Pfeffer
3 Eßlöffel Petersilie, gehackt

1. Speck kleinwürfelig schneiden und in Öl anrösten.
2. Chinakohl waschen, gut abtropfen lassen, halbieren, in dünne Streifen schneiden, zum Speck geben und kurz mitrösten.
3. Mit Suppe aufgießen. Erdäpfel schälen, grob raffeln und dazugeben.
4. Bratwürstel in Scheiben schneiden, beigeben und mit Knoblauch, Salz und Pfeffer würzen.

Eintopf etwa 15 Minuten kochen lassen und vor dem Servieren Petersilie untermengen.

Anmerkung

Statt Bratwürstel können auch 12 kleine Nürnberger Rostbratwürstel verwendet werden.

Pot au feu

(4–6 Portionen)

50 dag Rindsknochen
50 dag Rindfleisch
(z. B. Schulterscherzel)
50 dag Kalbsvögerl
1 Lorbeerblatt
1 Kaffeelöffel Pfefferkörner
1 kleiner Kohlrabi
10 dag Sellerie
25 dag speckige Erdäpfel
10 dag Karotten
1 gelbe Rübe
1 Zwiebel
2 Eßlöffel Thymian,
frisch gehackt
Salz
Pfeffer

1. Knochen mit kaltem Wasser in einen Topf geben, einmal wallend aufkochen lassen, abseihen und mit kaltem Wasser abbrausen.
2. Rindfleisch, Kalbfleisch und die Knochen in 2 Liter Wasser mit Lorbeerblatt und Pfefferkörnern etwa 2 Stunden bei mittlerer Hitze kochen lassen. Anschließend Fleisch aus der Suppe nehmen, überkühlen lassen und Knochen entfernen.
3. Kohlrabi, Sellerie und Erdäpfel schälen und kleinwürfelig schneiden. Karotten und gelbe Rübe putzen und in dünne Scheiben schneiden. Gemüse in die Suppe geben und 15 Minuten kochen.
4. Zwiebel schälen, in dickere Ringe schneiden, Fleisch in mundgerechte Stücke schneiden, zum Eintopf geben, mit Thymian, Salz und Pfeffer würzen und einige Minuten kochen lassen.

Reis

Spargel-Kalbfleisch-Eintopf

(4 Portionen)

30 dag Kalbsschulter
4 dag THEA
1 l Rindsuppe (Würfelsuppe)
8 dag Langkornreis
1 Knoblauchzehe, zerdrückt
Muskat
Salz
Pfeffer
30 dag grüner Spargel
$^{1}/_{16}$ l Obers
3 Eßlöffel Kerbelkraut,
gehackt

1. Fleisch kleinwürfelig schneiden und in THEA rundherum anbraten, mit Suppe aufgießen und zugedeckt etwa 20 Minuten dünsten.
2. Reis zufügen, mit Knoblauch, Muskat, Salz und Pfeffer würzen und bei geringer Hitze 15 Minuten weiterdünsten.
3. Spargel waschen, das untere Drittel der Spargelstangen schälen, in etwa 3 cm lange Stücke schneiden, mit Obers zum Reis geben, weitere 15 Minuten dünsten lassen.
4. Vor dem Servieren Kerbel untermengen und eventuell etwas nachwürzen.

Indischer Hühnereintopf

(4 Portionen)

½ Suppenhuhn, etwa 80 dag
1 Bund Wurzelwerk
5 dag Ingwerwurzel
8 dag Langkornreis
4 Eßlöffel BONA-Öl
2 Eßlöffel Curry
1 Säckchen Safran
10 dag Frühlingszwiebeln
10 dag Preßschinken
Salz
Pfeffer
Tabascosauce

1. Huhn in 1½ Liter Wasser etwa 70 Minuten kochen. Wurzelwerk putzen, kleinwürfelig schneiden, Ingwer schälen, in dünne Scheiben schneiden, beides zum Huhn geben und weitere 20 Minuten kochen.
2. Suppe abseihen und Huhn überkühlen lassen.
3. Reis in Öl anlaufen lassen, Curry und Safran zufügen und mit der Hühnersuppe aufgießen.
4. Hühnerhaut abziehen, Fleisch von den Knochen lösen, in kleine Stücke schneiden und samt gekochtem Gemüse zur Suppe geben.
5. Frühlingszwiebeln putzen (dunkles Blattgrün entfernen), in etwa 3 cm dicke Stücke schneiden, zugeben und Eintopf bei mittlerer Hitze 20 Minuten kochen.
6. Schinken feinnudelig schneiden, dazugeben und Eintopf mit Salz, Pfeffer und Tabascosauce kräftig würzen.

Bologneser Reiseintopf

(4 Portionen)

2 Zwiebeln
4 Eßlöffel BONA-Öl
20 dag gemischtes Faschiertes
3 Eßlöffel Paradeismark
1 Eßlöffel edelsüßes Paprikapulver
1 l Rindsuppe (Würfelsuppe)
15 dag Langkornreis
Thymian
Basilikum
15 dag IGLO-Erbsen
Salz
Pfeffer

1. Zwiebeln schälen, kleinwürfelig schneiden und in Öl anrösten.
Faschiertes dazugeben, unter ständigem Wenden gut durchrösten, Paradeismark und Paprikapulver zufügen und mit Suppe aufgießen.
2. Reis einrühren, mit reichlich Thymian und Basilikum würzen. Eintopf bei mittlerer Hitze etwa 20 Minuten kochen.
3. Erbsen dazugeben, mit Salz und Pfeffer würzen und etwa 5 Minuten weiterkochen lassen; sofort servieren.

Nudeleintopf mit Fleischknöderln

(4 Portionen)

1. Faschiertes mit Semmelbröseln, Ei, Knoblauch, Salz und Pfeffer gut verkneten und mit befeuchteten Händen 12 Knöderln formen.
2. Frühlingszwiebeln putzen (dunkles Blattgrün entfernen), in etwa 3 cm lange Stücke schneiden, in THEA anbraten und mit Suppe aufgießen.
3. Fleischknöderln dazugeben, einmal aufkochen lassen und Hörnchen zugeben. Mit Salz, Pfeffer und Thymian würzen und bei geringer Hitze etwa 15 Minuten kochen lassen.
4. Paradeiser am Blütenansatz kreuzweise einschneiden, blanchieren, schälen, entkernen, großwürfelig schneiden und zugeben; sofort servieren.

20 dag gemischtes Faschiertes
7 dag Semmelbrösel
1 Ei
3 Knoblauchzehen, zerdrückt
Salz
Pfeffer
2 Bund Frühlingszwiebeln
3 dag THEA
3/4 l Rindsuppe (Würfelsuppe)
10 dag Hörnchen
Salz
Pfeffer
Thymian
25 dag Fleischparadeiser

Wiener Suppentopf

(4 Portionen)

1. Rindfleisch mit 1 1/2 l kaltem Wasser zustellen und etwa 70 Minuten bei mittlerer Hitze kochen lassen.
2. Wurzelwerk putzen, mit Pfefferkörnern, Hendlflügerln und Hendlhaxerl zum Rindfleisch geben und weitere 40 Minuten kochen lassen.
3. Suppe abseihen, Wurzelwerk und Rindfleisch in mundgerechte Stücke schneiden, vom Hendlhaxerl die Haut abziehen, Fleisch von den Knochen lösen, ebenfalls in mundgerechte Stücke teilen und mit den Flügerln in die Suppe geben; einmal aufkochen lassen.
4. Erbsen und Nudeln zufügen, etwa 5 Minuten kochen, mit Salz abschmecken und mit Schnittlauch bestreut servieren.

40 dag Rindfleisch, z. B. Rieddeckel
1 Bund Wurzelwerk
3 Pfefferkörner
4 Hendlflügerln
1 Hendlhaxerl
5 dag Suppennudeln
10 dag IGLO-Erbsen
Salz
1 Bund Schnittlauch, fein geschnitten

Lamm-Curry-Eintopf

(4 Portionen)

25 dag Lammfleisch (von der Keule)
3 dag THEA
5 dag Lauch
5 dag Sellerie
1 Eßlöffel Curry
3/8 l Bouillon (Würfelsuppe)
1 Chilischote
1 kleine Melanzane (ca. 20 dag)
5 dag rote Linsen
8 dag Sternchenteigwaren
Salz
Pfeffer

1/2 Chilischote
2 Knoblauchzehen, geschält
1 Becher Crème fraîche
Salz
Pfeffer

1. Lammfleisch kleinwürfelig schneiden und in THEA rundherum anbraten.
2. Lauch waschen, in dünne Ringe schneiden, Sellerie putzen, grob raffeln, beides zum Fleisch geben, kurz mitrösten, Curry darüberstreuen und mit Bouillon aufgießen.
3. Chilischote fein hacken, dazugeben, Eintopf bei mittlerer Hitze etwa 30 Minuten kochen lassen.
4. Melanzane waschen, großwürfelig schneiden und untermengen. Linsen und Teigwaren beigeben, gut verrühren, mit Salz und Pfeffer würzen und etwa 10 Minuten weiterkochen lassen.
5. Eintopf mit pikant gewürzter Crème fraîche servieren.
6. Pikante Crème fraîche: Chilischote mit Knoblauch fein hacken, mit Crème fraîche verrühren und mit Salz und Pfeffer abschmecken.

Vorspeisen
kleine Gerichte

Erdäpfel-Grammel-Aufstrich

(6 Portionen)

20 dag mehlige Erdäpfel
4 Knoblauchzehen
2 dag THEA
20 dag Grammelschmalz
Majoran
Salz
Pfeffer

1. Erdäpfel kochen, schälen, heiß durch die Erdäpfelpresse drücken und auskühlen lassen.
2. Knoblauch schälen, fein hacken und in THEA anrösten; mit Grammelschmalz und den Erdäpfeln gut vermengen und mit Majoran, Salz und Pfeffer pikant abschmecken. Aufstrich 1 bis 2 Stunden kalt stellen.

Erdäpfel-Rettich-Aufstrich

(6 Portionen)

20 dag mehlige Erdäpfel
1 weißer Rettich (ca. 25 dag)
15 dag THEA
1 Bund Petersilie, gehackt
1 Bund Schnittlauch, geschnitten
Salz, Pfeffer
Cayennepfeffer

1. Gekochte Erdäpfel und Rettich schälen und fein reiben.
2. THEA flaumig rühren, Erdäpfel, Rettich, Petersilie und Schnittlauch dazugeben und gut vermengen.
3. Mit Salz, Pfeffer und Cayennepfeffer abschmecken und 1 bis 2 Stunden kalt stellen.

Erdäpfelblinis mit Räucherlachs

(4 Portionen)

20 dag mehlige Erdäpfel
20 dag glattes Mehl
5 dag THEA
1 Ei
etwa 1/8 l Milch
2 dag Germ
1 Kaffeelöffel Honig
Salz
Pfeffer
THEA zum Backen
20 dag Räucherlachs, dünn geschnitten
1 Becher Crème fraîche
Salz

1. Erdäpfel kochen, schälen, heiß durch die Erdäpfelpresse in eine Schüssel drücken, Mehl unterheben.
2. Weiche THEA, Ei und lauwarme Milch zugeben.
3. Germ mit Honig glattrühren, zu den Erdäpfeln geben, mit Salz und Pfeffer würzen und alles zu einem glatten Teig verkneten. Zugedeckt an einem warmen Ort 20 Minuten „gehen" lassen.
4. Teig nochmals durchkneten.
5. THEA in einer Pfanne erhitzen, den Teig eßlöffelweise hineingeben, flachdrücken und beidseitig goldbraun backen.
6. Blinis mit Räucherlachs und leicht gesalzener Crème fraîche anrichten.

Erdäpfel-Lauch-Quiche

(12 Portionen)

1. Teig: Mehl mit kleingehackter THEA, Ei, Wasser und Salz rasch zu einem geschmeidigen Teig verkneten und zugedeckt 30 Minuten kalt rasten lassen.
2. Fülle: Erdäpfel kochen, schälen und heiß durch die Erdäpfelpresse drücken.
3. Speck kleinwürfelig schneiden und in Öl bei geringer Hitze anrösten.
4. Lauch waschen, putzen, in feine Ringe schneiden, zugeben und kurz mitrösten.
5. Mit den Erdäpfeln vermengen. Sauerrahm, Ei und Dotter untermischen. Mit Knoblauch, Salz und Pfeffer pikant abschmecken.
6. Teig teilen. Eine Hälfte auf Tortenformboden (24 cm Durchmesser) ausrollen; Form zusammensetzen.
7. Restlichen Teig auf einer bemehlten Arbeitsfläche zu einer etwa 70 cm langen Rolle formen, in die Form am Rand einlegen und mit den Fingern hochdrücken.
8. Fülle hineingeben, glattstreichen und im vorgeheizten Backrohr bei 180 Grad 45 Minuten backen.

Teig:
15 dag glattes Mehl
10 dag THEA
1 Ei
2 Eßlöffel Wasser
Salz

Fülle:
80 dag mehlige Erdäpfel
12 dag Hamburgerspeck
2 Eßlöffel BONA-Öl
20 dag Lauch
$^1/_4$ l Sauerrahm
1 Ei
1 Dotter
3 Knoblauchzehen, zerdrückt
Salz
Pfeffer

Mehl zum Ausarbeiten

Gefüllte Erdäpfel

(4 Portionen)

1. Erdäpfel sehr gut waschen und in leicht gesalzenem Wasser weich kochen.
2. Erdäpfel überkühlen lassen, der Länge nach halbieren und mit einem Kaffeelöffel aushöhlen.
3. Erdäpfelmasse mit einer Gabel zerdrücken und mit weicher THEA vermengen.
4. Champignons waschen, putzen und fein hacken.
5. Zwiebel schälen, kleinwürfelig schneiden, in Öl anrösten, Pilze zufügen, im eigenen Saft dünsten und anschließend mit der Erdäpfelmasse gut vermengen.
6. Knoblauch und Petersilie dazugeben, würzen und in die ausgehöhlten Erdäpfelhälften füllen. In eine befettete Form geben, mit Käse bestreuen und im Backrohr bei 220 Grad 25 Minuten überbacken.

4 große mehlige Erdäpfel
(ca. 80 dag)
Salz
8 dag THEA
10 dag Champignons
1 kleine Zwiebel
3 Eßlöffel BONA-Öl
2 Knoblauchzehen, zerdrückt
$^1/_2$ Bund Petersilie, gehackt
Salz
Pfeffer
THEA für die Form
5 dag Emmentaler, geraffelt

Erdäpfel-Spinat-Mousse

(4 Portionen)

20 dag mehlige Erdäpfel
5 dag THEA
$^{1}/_{16}$ l Milch
Salz
Pfeffer
Muskat
15 dag Spinat, passiert
2 Eßlöffel Crème fraîche
1 Knoblauchzehe, zerdrückt
Salz
Pfeffer
3 Blatt Gelatine
$^{1}/_{8}$ l Schlagobers

1. Erdäpfel kochen, schälen, heiß durch die Erdäpfelpresse drücken, weiche THEA und Milch zufügen, mit Salz, Pfeffer und Muskat würzen und gut vermischen.
2. Spinat mit Crème fraîche und Knoblauch verrühren und mit Salz und Pfeffer würzen.
3. Gelatine in reichlich kaltem Wasser einweichen, gut ausgedrückt im Wasserbad auflösen, eine Hälfte unter die Erdäpfelmasse, die zweite Hälfte unter die Spinatmasse mengen.
4. Obers steif schlagen und je eine Hälfte unter die Erdäpfelmasse bzw. Spinatmasse heben.
5. Massen abwechselnd in mit kaltem Wasser ausgespülte Förmchen (4 Stück) füllen und 4 bis 6 Stunden kalt stellen.

Mousse mit einem spitzen Messer vom Förmchenrand lösen und stürzen.

Anmerkung

1. Dazu passen sehr gut geröstete Champignons, die warm dazugegeben werden, oder marinierte Paradeiswürfel.
2. Erdäpfel-Spinat-Mousse läßt sich leichter aus den Förmchen stürzen, wenn sie vor dem Einfüllen mit Klarsichtfolie ausgelegt werden.
3. Anstelle von Förmchen können auch Kaffee- oder Mokkatassen verwendet werden.

Kanarische Erdäpfel mit grüner Sauce

(4 Portionen)

1 kg große mehlige Erdäpfel
1 Eßlöffel Meersalz

Sauce:
1 Bund Petersilie, gehackt
2 Eßlöffel Korianderblätter, gehackt
5 Knoblauchzehen, zerdrückt
2 Eßlöffel Weinessig
2 Kaffeelöffel Estragonsenf
$\frac{1}{4}$ l Olivenöl
Kümmel, gemahlen
Salz
Pfeffer

1. Erdäpfel gut waschen, schälen, in einen Topf geben, halb mit Wasser bedecken, Meersalz zufügen und mit einem Geschirrtuch abdecken.
2. Bei geringer Hitze etwa 1 Stunde kochen, bis die Flüssigkeit verdampft ist.
3. Für die Sauce Petersilie, Koriander, Knoblauch, Essig, Senf und Olivenöl mit einem Pürierstab gut durchmixen.
4. Mit etwas Kümmel, Salz und Pfeffer würzen. Erdäpfel anrichten und mit Sauce teilweise übergießen.

Tip

Statt Korianderblätter können auch 5–6 zerstoßene Korianderkörner verwendet werden.

Blätterteigschnecken mit Erdäpfelfülle

(16 Stück)

25 dag mehlige Erdäpfel
5 dag THEA
10 dag Salami, fein gehackt
1 Bund Schnittlauch, fein geschnitten
Salz
Pfeffer
Cayennepfeffer
1 Packung IGLO-Blätterteig

1. Erdäpfel kochen, schälen und noch heiß durch die Erdäpfelpresse drücken, weiche THEA zufügen und gut durchmischen.
2. Salami und Schnittlauch zugeben; salzen, würzen.
3. Aufgetauten Blätterteig mit der Masse bestreichen, von der Längsseite her eng einrollen, in 2 cm breite Stücke schneiden und Schnecken auf ein mit Backtrennpapier belegtes und leicht befeuchtetes Backblech legen.
4. Im vorgeheizten Rohr bei 220 Grad auf oberster Schiene 25 Minuten backen.

Erdäpfel-Speck-Gugelhupf

(12 Portionen)

1. Zwiebel schälen, fein hacken und in Öl anrösten, Petersilie zugeben und erkalten lassen.
2. Erdäpfel kochen, schälen, heiß durch die Erdäpfelpresse drücken und mit Mehl, Eiern, lauwarmer Milch, weicher THEA und Salz in eine Rührschüssel geben.
3. Germ mit Honig glattrühren, Zwiebelröstung, Speckwürfel und Nüsse zur Erdäpfelmasse geben und alles zu einem glatten Teig verkneten.
4. Teig zugedeckt an einem warmen Ort etwa 30 Minuten gehen lassen, nochmals durchkneten, in eine befettete und bemehlte Gugelhupfform füllen und bei 180 Grad 45 Minuten backen.

1 Zwiebel
3 Eßlöffel BONA-Öl
1 Bund Petersilie, gehackt
30 dag mehlige Erdäpfel
45 dag glattes Mehl
2 Eier
1/8 l Milch
8 dag THEA
Salz
1 Würfel Germ
1/2 Kaffeelöffel Honig
10 dag Speckwürfel
5 dag Walnüsse, gehackt

THEA und Mehl für die Form

Reis

Pikante Reis-Topfen-Terrine

(6 Portionen)

1. Salzwasser aufkochen, THEA und Reis zugeben; bei schwacher Hitze ca. 15 Minuten weich dünsten, auskühlen lassen.
2. Topfen mit Reis gut verrühren und Hüttenkäse untermengen.
3. Paprikaschote waschen, entkernen, kleinwürfelig schneiden und mit Kräutern und Knoblauch zur Reismasse geben.
4. Gelatine in kaltem Wasser einweichen, gut ausdrücken, im Wasserbad auflösen und unter die Reismasse rühren.
5. Mit Kräutersalz und Pfeffer abschmecken, Eiklar zu steifem Schnee schlagen und unterziehen.
6. Kastenform mit Klarsichtfolie auskleiden, Masse einfüllen und 4 bis 6 Stunden kalt stellen.
7. Terrine stürzen, Folie abziehen, in Scheiben schneiden und mit Blattsalaten anrichten.

etwa 1/2 l Wasser
Salz
3 dag THEA
5 dag Rundkornreis
25 dag Topfen
20 dag Hüttenkäse
1 rote Paprikaschote
1 Bund Petersilie, gehackt
1 Bund Dille, gehackt
3 Knoblauchzehen, zerdrückt
6 Blatt Gelatine
Kräutersalz
Pfeffer
2 Eiklar

marinierte Blattsalate

Zucchini mit Reis-Spinat-Fülle

(4 Portionen)

2 Zucchini (ca. je 15 dag)
4 Eßlöffel BONA-Öl
1 Zwiebel
3 Eßlöffel BONA-Öl
6 dag Langkornreis
1/2 l Rindsuppe (Würfelsuppe)
15 dag IGLO-Blattspinat
1/2 Becher Crème fraîche
2 Knoblauchzehen, zerdrückt
Salz
Pfeffer
5 dag Parmesan, gerieben
THEA für die Form

1. Zucchini waschen, der Länge nach halbieren, mit einem Kaffeelöffel aushöhlen und Zucchinihälften in Öl auf beiden Seiten kurz braten.
2. Zwiebel schälen, fein hacken, in Öl anrösten, grob gehacktes Fruchtfleisch und Reis zufügen, mit Suppe aufgießen und bei geringer Hitze etwa 20 Minuten dünsten.
3. Aufgetauten Spinat grob hacken, mit Crème fraîche und Knoblauch unter den Reis mischen. Mit Salz und Pfeffer würzen und Käse untermengen.
4. Zucchinihälften in eine befettete Form geben, mit der Reismasse füllen und im Backrohr bei 200 Grad 30 Minuten überbacken.

Reis-Käse-Kugeln

(16 Stück)

1/2 l Wasser
Salz
2 Eßlöffel BONA-Öl
5 dag Rundkornreis
8 dag THEA
12 dag Blauschimmelkäse
1 Eßlöffel Crème fraîche
Salz
Pfeffer
16 Cocktailparadeiser
2 Bund Petersilie, gehackt

1. Wasser mit Salz und Öl aufkochen, Reis dazugeben, 15 Minuten weich kochen und vollständig erkalten lassen.
2. THEA flaumig rühren, Käse mit einer Gabel zerdrücken, mit Crème fraîche zum Reis geben und gut vermengen.
3. Mit Salz und Pfeffer würzen, Masse ca. 30 Minuten kalt stellen.
4. Paradeiser waschen und mit Küchenkrepp gut abtrocknen, mit der Käsemasse umhüllen, mit befeuchteten Händen Kugeln formen und in Petersilie wälzen. Käsekugeln bis zum Servieren kalt stellen.

Räucherlachsröllchen

(4 Portionen)

1. Wasser mit Salz und Öl aufkochen, Reis dazugeben, weich kochen und vollständig erkalten lassen.
2. Reis mit Crème fraîche, Zitronensaft und Kren gut vermengen; salzen, pfeffern.
3. Lachsscheiben je nach Größe halbieren oder dritteln, mit der Reismasse bestreichen, Seitenlängen einschlagen und einrollen. Röllchen auf Salatblättern anrichten.

1/2 l Wasser
Salz
2 Eßlöffel BONA-Öl
5 dag Langkornreis
1 Becher Crème fraîche
1 Eßlöffel Zitronensaft
4 Eßlöffel Kren, frisch gerieben
Salz
Pfeffer
20 dag Räucherlachs, dünn geschnitten

Blattsalate

Gefüllte Paradeiser

(4 Portionen)

1/2 l Wasser
Salz
2 Eßlöffel BONA-Öl
5 dag Langkornreis
8 dag THEA
25 dag Hüttenkäse
10 dag Preßschinken
1 Bund Schnittlauch, fein geschnitten
Salz
Pfeffer
8 kleinere Paradeiser

Salatblätter und Paprikawürfel zum Garnieren

1. Wasser mit Salz und Öl aufkochen, Reis zufügen, weich kochen und vollständig erkalten lassen.
2. THEA flaumig rühren, Reis und Hüttenkäse zufügen und gut vermengen.
3. Schinken fein hacken und mit Schnittlauch unter den Reis mengen; salzen, pfeffern.
4. Paradeiser waschen, an der runden Seite abkappen, mit einem Kaffeelöffel aushöhlen, Fruchtfleisch unter die Käse-Reis-Fülle mengen und Paradeiser damit füllen.
5. Paradeiser auf Salatblättern anrichten und mit Paprikawürfeln garnieren.

Gefüllte Weinblätter

(4 Portionen)

1 Zwiebel
5 dag THEA
10 dag Langkornreis
1/2 l Wasser
Salz
Pfeffer
10 schwarze Oliven
1/2 Bund Minze
2 Eßlöffel BONA-Öl
5 dag Pinienkerne
30 Weinblätter in Salzlake
3 Eßlöffel BONA-Öl
1 l Wasser
Saft von 1 Zitrone

1. Zwiebel schälen, fein hacken und in THEA anrösten, Reis zufügen, kurz mitrösten und mit Wasser aufgießen. Mit Salz und Pfeffer würzen und bei geringer Hitze etwa 20 Minuten kochen lassen.
2. Oliven entkernen, Oliven und Minze fein hacken.
3. Öl erhitzen und Pinienkerne darin goldbraun anrösten.
4. Alle Zutaten mit dem Reis gut vermengen und eventuell nachwürzen.
5. Weinblätter kalt abspülen, mit Küchenkrepp trockentupfen, mit jeweils 1 Löffel Reismasse belegen, Seitenlängen einschlagen und einrollen.
6. Öl mit Wasser und Zitronensaft in einem flachen Topf aufkochen, gefüllte Weinblätter nebeneinander einlegen und bei geringer Hitze 20 Minuten ziehen lassen. Weinblätter lauwarm oder kalt anrichten.

Hinweis

Statt eingelegter Weinblätter können auch blanchierte Mangold- oder Spinatblätter verwendet werden.

Risotto Milanese

(4 Portionen)

1 Zwiebel
1 Knoblauchzehe
5 dag Rindermark
1 Eßlöffel BONA-Öl
30 dag Rundkornreis
$\frac{1}{2}$ Kaffeelöffel Safranfäden
1 l Rindsuppe (Würfelsuppe)
$\frac{1}{8}$ l trockener Weißwein
5 dag THEA
8 dag Parmesan, frisch gerieben
Salz
Pfeffer

1. Zwiebel und Knoblauch schälen, fein hacken, Mark mit einer Gabel zerdrücken und alles in Öl anrösten.
2. Reis und Safranfäden zugeben, mit Suppe aufgießen und zugedeckt bei mittlerer Hitze 10 Minuten kochen lassen.
3. Wein unterrühren und offen unter ständigem Rühren 20 Minuten kochen lassen.
4. THEA und Parmesan unterrühren und mit Salz und frischgemahlenem Pfeffer würzen.

Hinweis

Risotto nicht länger als die angegebene Zeit kochen, denn es soll eine sämige Konsistenz haben.

Teigwaren

Frühlingsgemüse im Lasagneblatt

(4 Portionen)

15 dag junge Karotten
1 Bund Frühlingszwiebeln
15 dag Zuckerschoten
5 dag THEA
ca. $\frac{1}{4}$ l Rindsuppe (Würfelsuppe)
4 Lasagneblätter
Salz
2 Becher Crème fraîche
$\frac{1}{2}$ Bund Petersilie, gehackt
1 Kaffeelöffel Estragonsenf
Salz
Pfeffer

THEA für die Form

1. Karotten putzen, der Länge nach halbieren.
2. Frühlingszwiebeln waschen, putzen, dunkles Blattgrün entfernen, Zuckerschoten waschen und putzen.
3. THEA in einer Pfanne zerlassen, Karotten und Zwiebeln zugeben, anrösten, Zuckerschoten beifügen, mit Suppe aufgießen und bei schwacher Hitze etwa 10 Minuten dünsten.
4. Lasagneblätter in Salzwasser kochen, abseihen, abschwemmen, auf Geschirrtuch abtropfen lassen.
5. Crème fraîche mit Petersilie und Senf glattrühren und mit Salz und Pfeffer würzen.
6. Gemüse auf den Lasagneblättern verteilen, Hälfte der Crème fraîche darübergeben, zusammenrollen, in eine befettete Form legen und restliche Crème fraîche darüber verteilen. Im Backrohr bei 220 Grad auf oberster Schiene 15 Minuten überbacken.

Knusprige Nudel-Päckchen mit Joghurt-Knoblauch-Sauce

(8 Stück)

8 dag Suppennudeln
Salz
1 Zwiebel
3 dag THEA
20 dag Rindfleisch, faschiert
30 dag Weißkraut
Salz
1 Chilischote
2 Blätter IGLO-Strudelteig
1 Ei

Joghurt-Knoblauch-Sauce:
1 Becher Joghurt
Salz
2 Knoblauchzehen, zerdrückt

THEA für das Backblech

1. Nudeln in Salzwasser kochen, abseihen und gut abschwemmen, abtropfen lassen.
2. Zwiebel schälen, fein hacken und in THEA anrösten, Faschiertes zugeben und unter ständigem Wenden mitrösten.
3. Kraut putzen, Strunk entfernen, feinnudelig schneiden, zum Faschierten geben, salzen und einige Minuten mitrösten.
4. Chilischote fein hacken und mit den Nudeln zum Fleisch geben.
5. Aufgetaute Strudelblätter vierteln, Teigstücke mit verquirltem Ei bestreichen. Fülle mit einem Eßlöffel daraufgeben, Päckchen formen.
6. Teigpäckchen auf befettetes Backblech legen, im vorgeheizten Rohr bei 180 Grad 20 Minuten backen.
7. Joghurt-Knoblauch-Sauce: Joghurt mit Knoblauch und Salz verrühren, zu den Päckchen reichen.

Gebackene Nudeltörtchen

(4 Portionen)

6 dag Suppennudeln
Salz
5 dag THEA
5 dag glattes Mehl
ca. $^1/_8$ l Milch
2 Dotter
1 Bund Petersilie, gehackt
Salz
Pfeffer
Muskat
2 Eiklar
THEA für die Förmchen

1. Nudeln in Salzwasser bißfest kochen, abseihen und gut abschwemmen, abtropfen lassen.
2. THEA in einem Topf zerlassen, Mehl darin gut durchrösten, mit Milch aufgießen und unter ständigem Rühren (am besten mit einem Schneebesen) etwa 3 Minuten kochen und dann überkühlen lassen.
3. Nudeln, Dotter und Petersilie darunterrühren, mit Salz, Pfeffer und Muskat abschmecken.
4. Eiklar zu festem Schnee schlagen und unterheben.
5. Masse in befettete, feuerfeste Förmchen füllen.
6. Mit Alufolie abdecken, im vorgeheizten Rohr im Wasserbad bei 220 Grad 35 Minuten pochieren.
7. Törtchen mit einem spitzen Messer vom Formrand lösen und stürzen.

Hinweis:

Dazu paßt besonders gut Blattspinat.

Spaghetti-Nester

(4 Portionen)

1. Paradeiser waschen, halbieren und mit einem Kaffeelöffel aushöhlen.
2. Eingelegte Paradeishälften fein hacken und mit dem Fruchtfleisch vermengen.
3. Spaghetti in viel Salzwasser bißfest kochen, abseihen und mit der Paradeismasse gut vermengen.
4. Basilikum, Olivenöl und Parmesan darunterrühren, mit Salz und Pfeffer würzen.
5. Mit einer Gabel Spaghetti aufnehmen, auf einem Löffel drehen und in die frischen Paradeishälften setzen.
6. Gefüllte Paradeiser in befettete Form geben, im Backrohr bei 220 Grad 15 Minuten überbacken.

2 Fleischparadeiser (je ca. 20 dag)
5 dag in Öl eingelegte, getrocknete Paradeishälften
12 dag Spaghetti
Salz
1 Bund Basilikum, gehackt
2 Eßlöffel Olivenöl
2 dag Parmesan, gerieben
Salz
Pfeffer

THEA für die Form

Hinweis

Statt der in Öl eingelegten, getrockneten Paradeishälften können frische Paradeiser genommen werden.

Provenzalische Nudeltorte

(12 Portionen)

1. Spaghetti in viel Salzwasser bißfest kochen, abseihen und gut abschwemmen, abtropfen lassen.
2. Faschiertes mit Majoran, Salz und Pfeffer verkneten und zu kleinen Bällchen formen.
3. Zwiebel schälen, kleinwürfelig schneiden, in THEA anrösten, Paradeiser samt Saft zugeben, Kräuter der Provence sowie Salz beifügen und einige Minuten kochen lassen.
4. Spaghetti in eine befettete runde Backform geben, Fleischbällchen daraufsetzen und Paradeissauce darüber verteilen.
5. Melanzani waschen, in dünne Scheiben schneiden, in Öl auf beiden Seiten kurz abbraten und fächerartig über die Spaghetti verteilen.
6. Obers mit Eiern, Käse und Knoblauch gut verrühren, mit Salz und Pfeffer würzen und über die Melanzani gießen. Mit halbierten Cocktailparadeisern belegen und im Backrohr bei 180 Grad 45 Minuten backen.

25 dag Spaghetti
Salz
25 dag Kalbfleisch, faschiert
Majoran, Salz, Pfeffer
1 Zwiebel
3 dag THEA
1 Dose geschälte Paradeiser (Füllgewicht 42 dag)
2 Kaffeelöffel Kräuter der Provence
Salz
THEA für die Form
2 Melanzani (ca. je 25 dag)
BONA-Öl zum Braten
Überguß:
1/4 l Obers
4 Eier
10 dag Emmentaler oder Edamer, geraffelt
4 Knoblauchzehen, zerdrückt
Salz, Pfeffer
15 dag Cocktailparadeiser

Zwiebeln mit Reisnudelfülle

(4 Portionen)

5 dag Reisnudeln
1/2 l Wasser
Salz
etwas Essig
1 Lorbeerblatt
4 mittelgroße Zwiebeln (ca. 40 dag)
3 dag THEA
15 dag Rindfleisch, faschiert

2 Knoblauchzehen, zerdrückt
Sojasauce
Thymian
Salz
Pfeffer
THEA für die Form

1. Reisnudeln mit heißem Wasser übergießen. 10 Minuten ziehen lassen, abseihen.
2. Wasser mit Salz, Essig und Lorbeerblatt aufkochen.
3. Zwiebeln schälen, in den Sud geben und bei geringer Hitze 10 Minuten kochen lassen; aus dem Sud nehmen und gut abtropfen lassen.
4. Von den Zwiebeln Kappen abschneiden (diese bis zur Weiterverarbeitung beiseite legen), Zwiebeln mit Kaffeelöffel aushöhlen, Fruchtfleisch grob hacken.
5. THEA in einer Pfanne erhitzen, Faschiertes darin anrösten, gehackte Zwiebeln und Reisnudeln dazugeben und unter ständigem Wenden braten.
6. Knoblauch, Sojasauce und Thymian zufügen, mit Salz und Pfeffer abschmecken, in die Zwiebeln füllen und Deckel daraufsetzen; in eine befettete feuerfeste Form geben und im vorgeheizten Rohr bei 180 Grad 25 Minuten backen.

Zitronennudeln mit gebratener Petersilie

(4 Portionen)

30 dag Bandnudeln
2 Eßlöffel BONA-Öl
Salz
10 dag Lauch
5 dag THEA
Saft von 1/2 Zitrone
1/8 l Weißwein
Schale von 1 Zitrone, abgerieben
Salz
Cayennepfeffer
1 Bund Petersilie
Mehl zum Wenden
THEA zum Braten

1. Nudeln in Salzwasser mit Öl bißfest kochen, abseihen und warm stellen.
2. Lauch putzen, in feine Ringe schneiden und in THEA anrösten, mit Zitronensaft und Weißwein aufgießen, Zitronenschale zufügen und einmal aufkochen lassen.
3. Nudeln einrühren und mit Salz und Cayennepfeffer kräftig würzen.
Nudeln anrichten und mit der gebratenen Petersilie bestreuen.
4. Gebratene Petersilie: Von der Petersilie Blättchen abzupfen, in Mehl wenden, kurz in heißer THEA braten und auf Küchenkrepp abtropfen lassen.

Salate

Erdäpfelsalat

(4 Portionen)

60 dag festkochende Erdäpfel (Sieglinde oder Kipfler)
Salz
1 Zwiebel
8 Eßlöffel BONA-Öl
1 Kaffeelöffel Estragonsenf
Salz
Pfeffer
4 Eßlöffel Essig
¼ l Wasser oder Rindsuppe (Würfelsuppe)

1. Erdäpfel in leicht gesalzenem Wasser weich kochen, abseihen, heiß schälen und in dünne Scheiben schneiden.
2. Zwiebel schälen, fein hacken, mit Öl, Senf, Salz sowie Pfeffer verrühren, Essig und lauwarmes Wasser oder Suppe unterrühren.
3. Marinade über die Erdäpfel gießen und alles gut vermengen.

Salat etwa 15 Minuten marinieren und wenn nötig etwas Flüssigkeit (Wasser oder Rindsuppe) zufügen.

Varianten

* Lauch waschen, in dünne Ringe schneiden, in Öl kurz anrösten, statt der Zwiebel unter den Salat mengen.
* Sellerie schälen, in leicht gezuckertem und mit Zitronensaft versetztem Salzwasser weich kochen, abseihen und noch warm unter den Salat mengen.
* Vogerlsalat waschen, putzen, gut abtropfen lassen und kurz vor dem Servieren untermengen.

Mayonnaisesalat

(4 Portionen)

60 dag festkochende Erdäpfel (Sieglinde oder Kipfler)
2 Beutel KUNER-Mayonnaise
3 Eßlöffel Essig
etwa 1/16 l Wasser
Salz
Pfeffer

1. Erdäpfel in leicht gesalzenem Wasser weich kochen, abseihen, schälen und lauwarm in dünne Scheiben schneiden.
2. Mayonnaise mit Essig und Wasser glattrühren, mit Salz und Pfeffer würzen.
3. Über den Salat gießen und vorsichtig unterrühren.

Varianten

* Die Hälfte der Mayonnaise kann durch Sauerrahm oder Schlagobers ersetzt werden.
* Man kann zusätzlich dünnblättrig geschnittene Gewürzgurkerln untermengen.
* Salat kurz vor dem Servieren mit Schnittlauch und feingehacktem Ei vermengen.

Französischer Salat

(4 Portionen)

1. Erdäpfel kochen, schälen, vollständig auskühlen lassen und anschließend kleinwürfelig schneiden.
2. Karotten putzen, kleinwürfelig schneiden und in Salzwasser weich kochen; abseihen.
3. Apfel schälen, entkernen, ebenfalls kleinwürfelig schneiden und mit den Erbsen zu den anderen Zutaten geben und gut vermengen.
4. Mayonnaise mit Sauerrahm und Senf glattrühren, mit Salz und Pfeffer würzen und unter den Salat mengen.

20 dag festkochende Erdäpfel (Sieglinde oder Kipfler)
10 dag Karotten
1 Apfel (ca. 10 dag)
8 dag Ebsen, gekocht
4 Eßlöffel KUNER-Mayonnaise
1/8 l Sauerrahm
1 Kaffeelöffel Estragonsenf
Salz
Pfeffer

Hinweise:

1. In den Salat können zusätzlich kleingeschnittene Gurkerln oder gekochte, in Würfel geschnittene Sellerie gegeben werden.
2. Der Salat eignet sich zum Füllen von Gemüsen, z. B. Paradeisern, ausgehöhlten Gurkenstücken oder Paprikaschoten sowie für Schinken- oder Roastbeefröllchen.

Erdäpfelsalat mit Sardinencreme

(4 Portionen)

1. Erdäpfel kochen, schälen und lauwarm in dünne Scheiben schneiden.
2. Öl mit Essig und etwas Wasser verrühren, mit Salz und Pfeffer würzen und mit den Erdäpfeln gut vermengen.
3. Sardinencreme: Sardinen samt Öl in eine Schüssel geben und mit einer Gabel zerdrücken. Mit Sauerrahm, Senf und Essig verrühren.
4. Pfefferkörner grob hacken, zufügen, mit Salz und Pfeffer abschmecken und Petersilie untermengen.
5. Marinierte Erdäpfelscheiben auf Salatblättern anrichten, Sardinencreme mit einem Eßlöffel dekorativ über den Erdäpfeln verteilen und mit Cocktailparadeisern garnieren.

80 dag festkochende Erdäpfel (Sieglinde oder Kipfler)
6 Eßlöffel BONA-Öl
4 Eßlöffel Weinessig
Salz, Pfeffer

Sardinencreme:
2 Dosen Sardinen (à 12 dag)
1/8 l Sauerrahm
1 Eßlöffel Estragonsenf
2 Eßlöffel Weinessig
1 Eßlöffel grüne Pfefferkörner, eingelegt
Salz, Pfeffer
1 Eßlöffel Petersilie, fein gehackt
Salatblätter
Cocktailparadeiser

Erdäpfel-Steinpilz-Salat

(4 Portionen)

45 dag festkochende Erdäpfel (am besten Kipfler)
35 dag Steinpilze
5 Eßlöffel BONA-Öl
1 Häuptel Salat

Marinade:
2 Eßlöffel Rotweinessig oder Sherryessig
4 Eßlöffel BONA-Öl oder Walnußöl
$^1/_{16}$ l Rindsuppe (Würfelsuppe)
Salz
Pfeffer

1. Erdäpfel kochen, schälen, heiß in Scheiben schneiden und bis zur Weiterverarbeitung mit Alufolie abdecken.
2. Pilze putzen, in Scheiben schneiden und beidseitig in Öl braten.
3. Salat waschen, gut abtropfen lassen und auf Tellern verteilen, Erdäpfel und Pilzscheiben dekorativ darüber verteilen und mit der Marinade übergießen.
4. Marinade: Essig mit Öl, lauwarmer Suppe, Salz und Pfeffer mit einem Schneebesen verrühren.

Heringssalat mit Oberskren

(4 Portionen)

30 dag festkochende Erdäpfel (Sieglinde oder Kipfler)
30 dag marinierte Heringe, filetiert
2 säuerliche Äpfel (ca. 30 dag)

Marinade:
$^1/_8$ l Obers
Salz
Pfeffer
4 Eßlöffel Kren, frisch gerieben

1. Erdäpfel kochen, schälen, auskühlen lassen und kleinwürfelig schneiden.
2. Fische gut abtropfen lassen und in dünne Streifen schneiden.
3. Äpfel schälen, vierteln, entkernen, feinblättrig schneiden und mit den übrigen Zutaten vermengen.
4. Marinade: Obers halbsteif schlagen, mit Salz und Pfeffer würzen, Kren zufügen und Marinade unter den Salat heben.

Hinweis

Salat erst kurz vor dem Servieren mit der Marinade vermengen.

Deftiger Erdäpfelsalat

(4 Portionen)

1. Erdäpfel kochen, schälen, erkalten lassen und anschließend kleinwürfelig schneiden.
2. Zwiebel schälen und kleinwürfelig schneiden.
3. Kabanossi und Gurkerln in dünne Scheiben schneiden und mit den übrigen Zutaten gut vermengen.
4. Für die Marinade Blauschimmelkäse mit einer Gabel zerdrücken und mit Sauerrahm, 4 Eßlöffeln Gurkerlsud und Milch glattrühren oder alles mit dem Stabmixer pürieren.

Mit Knoblauch, Salz und Pfeffer würzen und mit den Salatzutaten gut vermengen.

40 dag festkochende Erdäpfel (Sieglinde oder Kipfler)
1 Zwiebel
20 dag Kabanossi
15 dag Gewürzgurkerln

Marinade:
5 dag Blauschimmelkäse
1/4 l Sauerrahm
4–5 Eßlöffel Milch
2 Knoblauchzehen, zerdrückt
Salz
Pfeffer

Erdäpfel-Kürbiskern-Salat

(4 Portionen)

80 dag festkochende Erdäpfel (Sieglinde oder Kipfler)
Salz
4 Eßlöffel Weinessig
4 Eßlöffel Wasser
Salz
Pfeffer
1 Zwiebel
5 dag Kürbiskerne
8 Eßlöffel Kürbiskernöl
1 Knoblauchzehe, gehackt

1. Erdäpfel in leicht gesalzenem Wasser weich kochen, abseihen, heiß schälen und in dünne Scheiben schneiden.
2. Essig mit Wasser verrühren, über die Erdäpfel gießen, mit Salz und Pfeffer würzen und gut vermengen.
3. Zwiebel schälen, kleinwürfelig schneiden, Kürbiskerne fein hacken und beides mit Kürbiskernöl sowie Knoblauch gut verrühren, zum Salat geben und untermengen. Salat eventuell mit Salz und Pfeffer nachwürzen.

Griechischer Erdäpfelsalat

(4 Portionen)

40 dag festkochende Erdäpfel (Sieglinde oder Kipfler)
1 Salatgurke (ca. 30 dag)

Marinade:
½ l Joghurt
3 Eßlöffel BONA-Öl
3 Knoblauchzehen, zerdrückt
Salz
Pfeffer

15 dag Schafkäse

1. Erdäpfel kochen, schälen, erkalten lassen und in dünne Scheiben schneiden.
2. Gurke schälen, der Länge nach halbieren, ebenfalls in dünne Scheiben schneiden und mit den Erdäpfeln vermengen.
3. Marinade: Joghurt mit Öl und Knoblauch glattrühren. Mit Salz und Pfeffer würzen und mit dem Salat gut vermengen.
4. Schafkäse mit den Fingern grob zerbröseln, Salat anrichten und mit dem Käse bestreuen.

Tip

1. Man kann den Salat zusätzlich mit feingehackten grünen Oliven verbessern.
2. Dieser Salat schmeckt besonders gut zu gebratenem Lammfleisch.

Erdäpfel-Gurken-Salat

(4 Portionen)

1. Erdäpfel kochen, schälen, noch warm in dünne Scheiben schneiden und mit Essig übergießen.
2. Gurke schälen, fein hobeln, salzen und 10 Minuten ziehen lassen.
3. Gurke etwas ausdrücken und mit den Erdäpfeln vermengen.
4. Sauerrahm mit Öl, Knoblauch, wenig Salz und Pfeffer glattrühren und mit den übrigen Zutaten gut vermengen. Salat anrichten und mit Paprikapulver bestreuen.

30 dag festkochende Erdäpfel (Sieglinde oder Kipfler)
3 Eßlöffel Essig
1 Salatgurke
Salz
1/4 l Sauerrahm
3 Eßlöffel BONA-Öl
2 Knoblauchzehen, zerdrückt
Salz
Pfeffer
edelsüßes Paprikapulver zum Bestreuen

Reis

Roastbeefsalat mit Reis-Rahm-Marinade

(4 Portionen)

1. Blattsalate waschen und in mundgerechte Stücke teilen.
2. Paradeiser waschen und in Spalten schneiden.
3. Gurke waschen und mit der Schale in dünne Scheiben schneiden.
4. Brunnenkresse abschneiden, waschen, alle Zutaten locker miteinander vermengen und auf Teller anrichten.
5. Roastbeef zu Stanitzerln drehen und dekorativ darauflegen. Mit der Marinade teilweise übergießen.
6. Marinade: Reis mit einer Gabel zerdrücken und mit Sauerrahm verrühren. Zwiebel, Kräuter und Öl unterrühren und mit Salz und Pfeffer abschmecken.

40 dag verschiedene Blattsalate (z. B. Vogerl, Ruccola, Radicchio oder Chicorée)
25 dag Paradeiser
1/2 Salatgurke (ca. 15 dag)
1 Kisterl Brunnenkresse
40 dag Roastbeef, dünn aufgeschnitten

Marinade:
5 dag Rundkornreis, gekocht
1/4 l Sauerrahm
1 kleine rote Zwiebel, gehackt
1 Bund Schnittlauch, fein geschnitten
1 Eßlöffel Estragon, gehackt
4 Eßlöffel BONA-Öl
Salz
Pfeffer

Fruchtiger Puten-Reis-Salat

(4 Portionen)

3/4 l Wasser
Salz
2 Eßlöffel BONA-Öl
12 dag Langkornreis
20 dag Putenbrust
Salz
Pfeffer
3 dag THEA
1 kleinere Ananas (ca. 60 dag)
2 Kiwis

Marinade:
4 Eßlöffel Weißweinessig
6 Eßlöffel BONA-Öl
1 Kaffeelöffel rosa Pfefferkörner
Salz
Pfeffer

1. Wasser mit Salz und Öl aufkochen, Reis zufügen und bei mittlerer Hitze weich kochen; erkalten lassen.
2. Putenbrust mit Salz und Pfeffer kräftig würzen, in heißer THEA auf beiden Seiten anbraten, Hitze reduzieren und fertig braten.
3. Ananas halbieren, Strunk herausschneiden, Schale mit Hilfe eines spitzen Messers großzügig wegschneiden und Fruchtfleisch kleinwürfelig schneiden.
4. Kiwis schälen, längs halbieren, in dünne Scheiben schneiden und mit den Ananaswürfeln und dem Reis vermengen.
5. Ausgekühltes Fleisch in dünne Scheiben schneiden und dazugeben.
6. Marinade: Essig und Öl gut verrühren, Pfefferkörner zugeben, mit Salz und Pfeffer abschmecken, über den Salat gießen und gut durchmischen. Salat zugedeckt etwa 1 Stunde kalt stellen.

Reissalat mit Kräutern

(4 Portionen)

3/4 l Wasser
Salz
3 Eßlöffel BONA-Öl
12 dag Langkornreis
1 Stange Lauch (ca. 20 dag)
3 Eßlöffel BONA-Öl
25 dag Champignons
Marinade:
3 Eßlöffel Essig
5 Eßlöffel BONA-Öl
2 Eßlöffel Sojasauce
1 Knoblauchzehe, zerdrückt
Salz, Pfeffer
15 dag Lachsschinken, dünn aufgeschnitten
1 Eßlöffel Petersilie, gehackt
2 Eßlöffel Thymian, gehackt
2 Eßlöffel Kerbel, gehackt

1. Wasser mit Salz und Öl aufkochen, Reis zufügen und bei mittlerer Hitze weich kochen.
2. Lauch putzen, waschen, in dünne Ringe schneiden und in Öl anrösten.
3. Champignons waschen, putzen, feinblättrig schneiden, zufügen und kurz mitrösten.
4. Alles mit dem Reis gut vermengen.
5. Marinade: Essig mit Öl, Sojasauce und Knoblauch gut verrühren, mit Salz und Pfeffer abschmecken, den Champignonreis damit übergießen und gut vermengen.
6. Salat lauwarm anrichten, Lachsschinken dekorativ darauf verteilen und mit Kräutern bestreuen.

Melonen-Reis-Salat

(4 Portionen)

1. Salzwasser mit Öl aufkochen, Reis zufügen, weich kochen und auskühlen lassen.
2. Melone halbieren, mit einem Löffel entkernen und mit einem Kugelausstecher Melonenbällchen ausstechen.
3. Orangen schälen, in Spalten schneiden und mit Melonenkugerln und Reis vermengen.
4. Salat waschen, in mundgerechte Stücke teilen und mit den übrigen Zutaten auf Teller anrichten.
5. Schinken dekorativ darüber verteilen und mit der Marinade teilweise übergießen.
6. Marinade: Sauerrahm mit Joghurt, Öl, Zitronensaft und Kräutern verrühren und mit Salz und Pfeffer abschmecken.

1/2 l Wasser
2 Eßlöffel BONA-Öl
5 dag Langkornreis
1 Honigmelone
2 Orangen
1 Häuptel Friseesalat
40 dag Schinken, dünn geschnitten
Marinade:
1/8 l Sauerrahm
1/8 l Joghurt
4 Eßlöffel BONA-Öl
2 Eßlöffel Zitronensaft
1/2 Bund Petersilie, gehackt
1 Bund Schnittlauch, fein geschnitten
Salz, Pfeffer

Wildreis-Mais-Salat

(4 Portionen)

$\frac{3}{4}$ l Wasser
Salz
3 Eßlöffel BONA-Öl
10 dag Wildreismischung
1 Dose Maiskörner (Abtropfgewicht 265 g)

Marinade:
$\frac{1}{8}$ l Sauerrahm
1 Kaffeelöffel Curry
2 Eßlöffel BONA-Öl
Schale von $\frac{1}{2}$ Zitrone
Saft von $\frac{1}{2}$ Zitrone
1 kleine Chilischote
Salz
Radicchioblätter

1. Wasser mit Salz und Öl aufkochen, Reis zufügen und bei geringer Hitze weich kochen, erkalten lassen.
2. Maiskörner gut abtropfen lassen und mit dem Reis vermengen.
3. Marinade: Sauerrahm mit Curry, Öl, abgeriebener Zitronenschale und Zitronensaft gut verrühren. Chilischote fein hacken, dazugeben und mit Salz abschmecken.
4. Marinade mit den übrigen Zutaten gut vermengen und Salat zugedeckt etwa 1 Stunde kalt stellen.
5. Salat auf Radicchioblättern anrichten.

Exotischer Reissalat

(4 Portionen)

$\frac{3}{4}$ l Wasser
Salz
3 Eßlöffel BONA-Öl
15 dag Reis
2 Hühnerbrüste (ca. je 12 dag)
Salz
Pfeffer
3 dag THEA
3 Orangen

Marinade:
1 dag Ingwer
$\frac{1}{2}$ Kaffeelöffel Korianderkörner
2 Eßlöffel Weißweinessig
4 Eßlöffel BONA-Öl
1 Kaffeelöffel Honig
1 Kaffeelöffel Tabascosauce
Salz
Pfeffer

1. Wasser mit Salz und Öl aufkochen, Reis dazugeben, weich kochen und auskühlen lassen.
2. Hühnerbrüste kräftig salzen und pfeffern, in heißer THEA anbraten, Hitze reduzieren und fertig braten; überkühlen lassen.
3. Orangen schälen, halbieren und in dünne Scheiben schneiden.
4. Hühnerfleisch in dünne Streifen schneiden und mit Reis und Orangen vorsichtig vermengen.
5. Für die Marinade Ingwer schälen und in feine Streifen schneiden. Korianderkörner fein hacken, beides mit Essig, Öl, Honig und Tabascosauce gut verrühren und mit Salz und Pfeffer abschmecken. Marinade über den Salat gießen, gut durchmengen, anrichten.

Reissalat mit Shrimps

(4 Portionen)

1. Wasser mit Salz und Öl aufkochen, Reis zufügen und bei geringer Hitze weich kochen, auskühlen lassen.
2. Äpfel schälen, entkernen, kleinwürfelig schneiden und mit Reis und aufgetauten Shrimps vermengen.
3. Für die Marinade Crème fraîche mit Sauerrahm, Zitronensaft und Curry gut verrühren, mit Salz und Pfeffer würzen, über den Salat gießen, durchmischen und zugedeckt etwa 2 Stunden kalt stellen.

$^{3}/_{4}$ l Wasser
Salz
2 Eßlöffel BONA-Öl
12 dag Langkornreis
2 säuerliche Äpfel
(z. B. Gloster)
25 dag Shrimps, tiefgekühlt

Marinade:
1 Becher Crème fraîche
2 Eßlöffel Sauerrahm
Saft von $^{1}/_{2}$ Zitrone
Curry
Salz
Pfeffer

Teigwaren

Spaghetti-Peperonata-Salat

(4 Portionen)

1. Paprikaschoten waschen, halbieren, entkernen und mit der Wölbung nach oben auf ein mit befetteter Alufolie ausgelegtes Backblech legen.
2. Im vorgeheizten Rohr bei 220 Grad auf oberster Schiene so lange braten, bis die Haut der Paprikaschoten Blasen bildet.
3. Paprikastücke überkühlen lassen und Haut mit Hilfe eines kleinen Messers abziehen.
4. Anschließend Schoten in dünne Streifen schneiden und mit Öl, Knoblauch und Thymian vermengen. Zugedeckt etwa 30 Minuten marinieren lassen.
5. Spaghetti in Salzwasser bißfest kochen, abseihen und mit den Paprikastreifen vermengen.
5. Essig zufügen, mit Salz und Pfeffer abschmecken und sofort servieren.

50 dag Paprikaschoten, rot, grün und gelb gemischt
2 Eßlöffel BONA-Öl zum Bestreichen
5 Eßlöffel Olivenöl
3 Knoblauchzehen, zerdrückt
1 Eßlöffel Thymian, gehackt
18 dag Spaghetti
Salz
4 Eßlöffel Weinessig
Salz
Pfeffer

Gemüse-Nudel-Salat

(4 Portionen)

15 dag Vollkornspaghetti
Salz
12 dag Karotten
10 dag gelbe Rüben
3 dag THEA
Salz
1 Zucchini (etwa 15 dag)

Marinade:
1/4 l Sauerrahm
1/8 l Joghurt
2 Eßlöffel BONA-Öl
1/2 Bund Petersilie, fein gehackt
Kräutersalz
Sonnenblumenkerne

1. Spaghetti in viel Salzwasser bißfest kochen, abseihen und abschwemmen.
2. Karotten und gelbe Rüben putzen und in feine Streifen schneiden.
3. THEA zerlassen, Gemüsestreifen dazugeben, salzen und unter ständigem Wenden kurz rösten, noch heiß mit den Nudeln vermengen und auskühlen lassen.
4. Zucchini waschen, Blütenansatz entfernen, in feine Streifen schneiden und untermengen.
5. Für die Marinade Sauerrahm mit Joghurt, Öl und Petersilie gut verrühren, mit Kräutersalz würzen und mit den Gemüsespaghetti vermengen.
6. Salat anrichten und mit Sonnenblumenkernen bestreuen.

Reisnudel-Salat

(4 Portionen)

1 dag Mu-Err-Pilze
Salz
2 Hühnerbrüste (à 20 dag)
4 Eßlöffel Sojasauce
1 Eßlöffel Maismehl
8 dag Reisnudeln
Salz
5 Eßlöffel BONA-Öl
1/8 l Rindsuppe (Würfelsuppe)
10 dag Sojasprossen, gewaschen und geputzt

Marinade:
6 Eßlöffel BONA-Öl
3 Eßlöffel Essig
3 Eßlöffel Sojasauce
2 Knoblauchzehen, zerdrückt
Salz
Pfeffer

1. Mu-Err-Pilze in reichlich kaltem Wasser ca. 15 Minuten einweichen, abseihen und in Salzwasser 10 Minuten kochen lassen; abseihen.
2. Hühnerbrüste in Streifen schneiden, mit Sojasauce sowie Maismehl vermengen und ca. 10 Minuten marinieren lassen.
3. Reisnudeln in Salzwasser weich kochen, abseihen und gut abschwemmen.
4. Mariniertes Hühnerfleisch in heißem Öl rasch abbraten, zu den Nudeln geben, Bratrückstand mit Suppe aufgießen, Sojasprossen und Pilze zugeben, kurz kochen lassen, mit den übrigen Zutaten vermengen.
5. Für die Marinade Öl mit Essig, Sojasauce und Knoblauch gut verrühren, über den Salat gießen, gut durchmengen und mit Salz und Pfeffer abschmecken.

Anmerkung

Anstelle der Mu-Err-Pilze können auch 5 dag Austernpilze verwendet werden.

Spaghettisalat mit Parmaschinken

(4 Portionen)

1. Spaghetti in Salzwasser bißfest kochen, abseihen und gut abschwemmen.
2. Für die Marinade Öl mit Essig und Knoblauch gut verrühren und mit Salz und Pfeffer kräftig würzen.
3. Marinade mit den Spaghetti vermischen und frische Kräuter untermengen.
4. Salat anrichten, Rohschinken dekorativ darüber verteilen und mit frischgehobeltem Parmesan bestreuen.

18 dag Spaghetti
Salz

Marinade:
6 Eßlöffel Olivenöl
4 Eßlöffel Weinessig
2 Knoblauchzehen, zerdrückt
Salz, Pfeffer
3 Eßlöffel Basilikum, geschnitten
1 Eßlöffel Thymian, gehackt
1 Kaffeelöffel Oregano
20 dag Parmaschinken, dünn geschnitten
5 dag Parmesan

Bunter Makkaronisalat
(4 Portionen)

15 dag Makkaroni
Salz
25 dag Maiskörner (Dose)
10 dag Erbsen, gekocht
1 rote Paprikaschote (ca. 15 dag)
30 dag Preßschinken

Marinade:
1/8 l Sauerrahm
4 Eßlöffel KUNER-Mayonnaise
1 Bund Schnittlauch, fein geschnitten
Salz
Pfeffer

1. Makkaroni in viel Salzwasser bißfest kochen, abseihen, gut abschwemmen und mit Maiskörnern und Erbsen vermengen.
2. Paprikaschote waschen, halbieren, entkernen und kleinwürfelig schneiden.
3. Schinken in kleine Stifte schneiden und mit den Paprikawürfeln zu den übrigen Zutaten geben.
4. Marinade: Sauerrahm mit Mayonnaise glattrühren, Schnittlauch dazugeben und mit Salz und Pfeffer würzen.
5. Marinade mit dem Salat gut vermengen und zugedeckt etwa 1 Stunde kalt stellen.

Lauwarmer Austernpilzsalat
(4 Portionen)

15 dag Teigmascherln
Salz
1 Eßlöffel BONA-Öl
1 Zwiebel
3 Eßlöffel BONA-Öl
5 dag Hamburgerspeck
2 Knoblauchzehen, zerdrückt
1/2 Bund Petersilie, fein gehackt
30 dag Austernpilze
4 Eßlöffel Rotweinessig
Salz
Pfeffer

Blattsalat zum Garnieren

1. Teigmascherln in Salzwasser bißfest kochen, abseihen, gut abschwemmen und mit Öl vermengen.
2. Zwiebel schälen, kleinwürfelig schneiden, in Öl anrösten, Speck ebenfalls kleinwürfelig schneiden und mitrösten.
3. Zwiebelröstung von der Hitze nehmen, Knoblauch und Petersilie dazugeben.
4. Pilze putzen, in mundgerechte Stücke schneiden, zur Zwiebelröstung geben und bei mittlerer Hitze im eigenen Saft ca. 10 Minuten dünsten.
5. Mit Essig ablöschen, Nudeln zufügen, gut durchmengen und mit Salz und Pfeffer kräftig würzen.
6. Austernpilzsalat warm auf Salatblättern (z. B. Eichblatt oder Lollo Rosso) anrichten und sofort servieren.

Mozzarella-Nudel-Salat

(4 Portionen)

1. Penne in Salzwasser bißfest kochen, abseihen und kalt abschwemmen.
2. Paradeiser waschen und achteln.
3. Zwiebel schälen, kleinwürfelig schneiden und mit den Paradeisern zu den gekochten Teigwaren geben.
4. Mozzarella gut abtropfen lassen, Käsekugeln halbieren, in dünne Scheiben schneiden und zu den übrigen Zutaten geben.
5. Öl mit Essig, Knoblauch und Basilikum gut verrühren, mit Salz und Pfeffer würzen, über den Salat gießen und gut vermengen.
6. Salat nach dem Marinieren sofort anrichten.

18 dag Penne
Salz
30 dag Paradeiser
1 kleine Zwiebel
30 dag Mozzarella

Marinade:
5 Eßlöffel Olivenöl
3 Eßlöffel Weißweinessig
1 Knoblauchzehe, zerdrückt
5 Eßlöffel Basilikum, geschnitten
Salz
Pfeffer

Hinweis

* Durch zu langes Marinieren verliert das Basilikum sein Aroma.
* Man kann den Salat zusätzlich mit einigen Tropfen Aceto Balsamico (Rotweinessig) beträufeln.

Spaghetti-Salami-Salat

(4 Portionen)

1. Spaghetti in Salzwasser bißfest kochen, abseihen und mit Öl vermengen.
2. Paprikaschoten waschen, halbieren, entkernen, in dünne Streifen schneiden und zu den Spaghetti geben.
3. Zwiebel schälen, der Länge nach halbieren und in feine Ringe schneiden. Salami in dünne Streifen schneiden, mit den Zwiebelringen zu den übrigen Zutaten geben.
4. Essig mit Öl und Knoblauch verrühren, würzen, über den Salat gießen und gut durchmengen. Salat etwa 1 Stunde zugedeckt kalt stellen und vor dem Anrichten nochmals durchmengen.

15 dag Spaghetti
Salz
2 Eßlöffel BONA-Öl
1 rote Paprikaschote
1 grüne Paprikaschote
1 gelbe Paprikaschote
1 Zwiebel
20 dag Salami

Marinade:
4 Eßlöffel Essig
6 Eßlöffel BONA-Öl
2 Knoblauchzehen, zerdrückt
Salz
Pfeffer

Geflügel-Nudel-Salat mit Avocadosauce

(4 Portionen)

10 dag Teigmascherln
Salz
20 dag gebratenes Hühnerfleisch
30 dag Paradeiser
1/2 Salatgurke (ca. 15 dag)
1 Avocado
3 Eßlöffel Weißweinessig
6 Eßlöffel BONA-Öl
Salz
Pfeffer

Marinade:
Saft von 1/2 Zitrone
1/8 l Hühnersuppe (Würfelsuppe)
Salz
Pfeffer
Cayennepfeffer

1. Mascherln in Salzwasser bißfest kochen, abseihen, kalt abschwemmen und bis zur Weiterverarbeitung beiseite stellen.
2. Hühnerfleisch in kleine Stücke schneiden.
3. Paradeiser waschen und achteln.
4. Gurke schälen, der Länge nach halbieren und in dünne Streifen schneiden.
5. Avocado halbieren, Kern entfernen und eine Hälfte davon mit einem Löffel vorsichtig aushöhlen.
6. Fruchtfleisch in kleine Stücke schneiden und mit den restlichen Zutaten gut vermengen.
7. Essig mit Öl verrühren, mit Salz und Pfeffer abschmecken und vorsichtig unter den Salat mengen.
8. Zweite Avocadohälfte mit einem Eßlöffel aushöhlen und mit Zitronensaft und Suppe pürieren. Sauce mit Salz, Pfeffer und Cayennepfeffer pikant abschmecken.
9. Salat anrichten und Avocadosauce dekorativ darüber verteilen.

Hauptgerichte ohne Fleisch

Erdäpfel-Spinat-Strudel

(4 Portionen)

20 dag mehlige Erdäpfel
10 dag Gervais
5 dag THEA
3 Dotter
1 Paket IGLO-Blattspinat
3 Knoblauchzehen, zerdrückt
Muskat
Salz
Pfeffer
1 Paket IGLO-Strudelteig
4 dag THEA
THEA für das Blech

1. Erdäpfel kochen, schälen und mit einer Gabel zerdrücken.
2. Gervais mit THEA flaumig rühren, Dotter unterrühren und Erdäpfel zugeben.
3. Aufgetauten Spinat grob hacken, hinzugeben und mit Knoblauch, Muskat, Salz und Pfeffer würzen.
4. Aufgetaute Strudelblätter mit zerlassener THEA bestreichen und übereinanderlegen.
5. Spinatmasse zu zwei Dritteln auf den Strudelblättern verteilen, Seitenlängen einschlagen, Strudel einrollen, auf ein befettetes Backblech legen und mit THEA bestreichen. Im vorgeheizten Rohr bei 180 Grad 45 Minuten backen.

Kräuter-Gnocchi mit Käsesauce

(4 Portionen)

1 kg mehlige Erdäpfel
25 dag glattes Mehl
6 Eßlöffel gehackte Kräuter (z. B. Petersilie, Thymian und Basilikum)
Salz

Käsesauce:
3 Knoblauchzehen, geschält
2 dag THEA
$^1/_4$ l Rindsuppe (Würfelsuppe)
$^1/_8$ l Milch
10 dag Pecorino oder reifer Emmentaler
Salz
Pfeffer
Basilikumblättchen

1. Erdäpfel kochen, schälen und heiß durch die Erdäpfelpresse drücken.
2. Mehl, Kräuter und Salz zufügen und alles zu einem glatten Teig verkneten.
3. Teig auf einer bemehlten Arbeitsfläche zu 2 cm dicken Rollen formen.
4. Teigrollen in 1 cm dicke Scheiben schneiden und mit einer bemehlten Gabel etwas flachdrücken.
5. Gnocchi in kochendes Salzwasser einkochen, Hitze zurücknehmen, ca. 4 Minuten ziehen lassen, abseihen, gut abschwemmen und warm stellen.
6. Käsesauce: Knoblauch grob hacken, in zerlassener THEA anrösten, mit Suppe und Milch aufgießen. Käse kleinwürfelig schneiden, zugeben und unter ständigem Rühren (am besten mit einem Schneebesen) darin schmelzen. Mit Salz und Pfeffer würzen. Gnocchi mit Sauce anrichten und mit Basilikumblättchen bestreuen.

Panzarotti

(4 Portionen)

1. Erdäpfel kochen, schälen und warm durch die Erdäpfelpresse drücken.
2. Dotter, Parmesan und Petersilie daruntermischen.
3. Mozzarella gut abtropfen lassen, kleinwürfelig schneiden und beigeben.
4. Mit Thymian, Muskat, Salz und Pfeffer würzen und gut vermengen.
5. Aus der Masse Laibchen formen, in Mehl wenden und in Öl goldbraun braten.

80 dag mehlige Erdäpfel
2 Dotter
12 dag Parmesan, frisch gerieben
2 Eßlöffel Petersilie, gehackt
15 dag Mozzarella
Thymian
Muskat
Salz
Pfeffer
BONA-Öl zum Braten

Erdäpfelknödel mit Eierschwammerlfülle

(4 Portionen)

1. Erdäpfel kochen, schälen und noch heiß durch die Erdäpfelpresse drücken.
2. THEA, Grieß, Mehl und Dotter dazugeben, mit Salz würzen und alles zu einem glatten Teig verkneten.
3. Fülle: Pilze gründlich putzen, kurz waschen, abtropfen lassen und grob hacken.
4. Zwiebel schälen, kleinwürfelig schneiden, in THEA anrösten, Pilze beigeben, kurz mitrösten, salzen und im eigenen Saft bei geringer Hitze weich dünsten. Mit Thymian und Pfeffer würzen, Petersilie einrühren; überkühlen lassen.
5. Teig auf einer bemehlten Arbeitsfläche zu einer kleinen Rolle formen und diese in 8 Stücke teilen.
6. Jedes Teigstück mit einem Eßlöffel Pilzfülle belegen und zu Knödeln formen.
7. Knödel in kochendes Salzwasser einkochen, Hitze zurücknehmen und etwa 12 Minuten ziehen lassen.
8. Restliche Fülle mit Milch und Obers aufgießen, mit Knoblauch und etwas Salz abschmecken, Petersilie einrühren und bei geringer Hitze zu einer cremigen Konsistenz kochen lassen.
9. Knödel gut abtropfen lassen und mit der Sauce anrichten.

50 dag mehlige Erdäpfel
5 dag THEA
2 Eßlöffel Weizengrieß
6 dag glattes Mehl
1 Dotter
Salz

Fülle:
50 dag Eierschwammerln
1 Zwiebel
3 dag THEA
Salz
Thymian
Pfeffer
$^1/_2$ Bund Petersilie, fein gehackt
Mehl zum Ausarbeiten
Salz
$^1/_8$ l Milch
$^1/_4$ l Obers
1 Knoblauchzehe
Salz
$^1/_2$ Bund Petersilie, fein gehackt

Rosmarinerdäpfel mit Ratatouille

(4 Portionen)

80 dag speckige Erdäpfel
BONA-Öl für das Blech
Rosmarin
Salz
Pfeffer

Ratatouille:
2 kleine Zucchini (ca. 20 dag)
1 Melanzane (ca. 25 dag)
1 rote Paprikaschote
1 grüne Paprikaschote
2 Zwiebeln
4 Eßlöffel BONA-Öl
$^{1}/_{4}$ l Rindsuppe (Würfelsuppe)
2 Eßlöffel Paradeismark
Thymian
Oregano
Salz
Pfeffer
3 Paradeiser (ca. 12 dag)

1. Erdäpfel schälen, der Länge nach vierteln, auf ein befettetes Backblech geben und mit reichlich Rosmarin bestreuen; salzen und pfeffern.
2. Erdäpfel mit Alufolie abdecken und im vorgeheizten Rohr bei 220 Grad 30 Minuten garen, Alufolie entfernen und weitere 30 Minuten backen; Erdäpfel öfter wenden.
3. Ratatouille: Zucchini und Melanzane waschen und kleinwürfelig schneiden.
4. Paprikaschoten waschen, halbieren, entkernen und großwürfelig schneiden.
5. Zwiebeln schälen, achteln, in Öl anrösten, restliches Gemüse zufügen, mitrösten und mit Suppe aufgießen.
6. Paradeismark unterrühren, mit Thymian, Oregano, Salz und Pfeffer würzen. Bei geringer Hitze ca. 20 Minuten dünsten.
7. Paradeiser waschen, achteln, zufügen und einmal aufkochen lassen. Erdäpfel mit Ratatouille anrichten.

Fritierte Käseknödel

(4 Portionen)

50 dag mehlige Erdäpfel
30 dag Schwarzbrot
$^{1}/_{4}$ l Milch
5 dag THEA
2 Eier
1 Bund Petersilie, gehackt
15 dag reifer Emmentaler
10 dag griffiges Mehl
Salz
Pfeffer
Majoran

Mehl zum Wenden
BONA-Öl zum Fritieren

1. Erdäpfel kochen, schälen, kalt werden lassen und anschließend fein reiben.
2. Brot kleinwürfelig schneiden, mit Milch übergießen und kurz darin einweichen.
3. THEA flaumig rühren, Eier unterrühren, Erdäpfel, ausgedrücktes Brot und Petersilie untermengen.
4. Käse kleinwürfelig schneiden, mit Mehl zur obigen Masse geben und mit Salz, Pfeffer und Majoran abschmecken; $^{1}/_{2}$ Stunde kalt stellen.
5. Aus der Masse kleine Knödel formen, in Mehl wenden und im heißen Öl fritieren. Auf Küchenkrepp abtropfen lassen.

Gebratene Erdäpfelnudeln mit Wurzelsauce

(4 Portionen)

1. Erdäpfel kochen, heiß schälen, erkalten lassen und anschließend fein reiben oder pressen. Mehl, Grieß, THEA und Ei dazugeben, salzen und rasch zu einem glatten Teig verarbeiten.
2. Teig auf einer bemehlten Arbeitsfläche zu einer 2 cm dicken Rolle formen, in kleine Stücke schneiden und zu Nudeln formen.
3. Nudeln in kochendes Wasser einlegen, 2 Minuten kochen, abseihen, kalt abspülen, abtropfen lassen.
4. Nudeln in zerlassener THEA rundherum abbraten und mit der Sauce anrichten.
5. Sauce: Wurzelwerk putzen, in feine Streifen schneiden und in THEA anrösten. Mit Suppe und Wein aufgießen, Kräuter zugeben, würzen. Crème fraîche unterrühren und Sauce bei geringer Hitze 10 Minuten kochen lassen.

50 dag mehlige Erdäpfel
25 dag griffiges Mehl
8 dag Weizengrieß
6 dag THEA
1 Ei
Salz
THEA zum Braten
Sauce:
2 Bund Wurzelwerk
4 dag THEA
$^{3}/_{8}$ l Rindsuppe (Würfelsuppe)
$^{1}/_{8}$ l trockener Weißwein
Majoran
Thymian
Liebstöckel
Salz, Pfeffer
1 Becher Crème fraîche

Gemüse im Erdäpfelbackteig

(4 Portionen)

15 dag mehlige Erdäpfel
3 Dotter
¼ l Mineralwasser
20 dag glattes Mehl
4 Knoblauchzehen, zerdrückt
½ Bund Petersilie, gehackt
Salz
Pfeffer
3 Eiklar
80 dag Gemüse
(z. B. Champignons, Zucchini, blanchierte Karfiol- oder Broccoliröschen)

Mehl zum Wenden
BONA-Öl zum Herausbacken

1. Erdäpfel kochen, schälen, heiß durch die Erdäpfelpresse drücken und mit Dottern, Mineralwasser und Mehl verrühren.
2. Knoblauch und Petersilie zufügen und mit Salz und Pfeffer würzen.
3. Teig 30 Minuten rasten lassen.
4. Eiklar halbfest aufschlagen und untermengen.
5. Gemüse in mundgerechte Stücke teilen, in Mehl wenden, durch den Teig ziehen und im Öl fritieren.

Erdäpfel-Kürbiskern-Nockerln mit Selleriesauce

(4 Portionen)

80 dag mehlige Erdäpfel
8 dag Kürbiskerne
½ Bund Petersilie, gehackt
5 dag THEA
3 Dotter
20 dag glattes Mehl
Kräutersalz
Salz
Kürbiskerne zum Bestreuen

Selleriesauce:
20 dag Sellerie
3 dag THEA
¼ l Gemüsebouillon (Würfelsuppe)
20 dag Mascarino
Kräutersalz
etwas Zitronensaft

1. Erdäpfel kochen, schälen und heiß durch die Erdäpfelpresse drücken.
2. Kürbiskerne fein hacken und mit Petersilie, THEA, Dottern und Mehl zu den Erdäpfeln geben, mit Kräutersalz würzen und alles zu einem Teig verarbeiten.
3. Mit zwei befeuchteten Eßlöffeln Nockerln formen und in kochendes Salzwasser einlegen, Hitze zurücknehmen und 10 Minuten ziehen lassen.
Nockerln gut abtropfen lassen, mit Selleriesauce anrichten und mit Kürbiskernen bestreuen.
3. Selleriesauce: Sellerie schälen, kleinwürfelig schneiden, in zerlassener THEA anrösten, mit Bouillon aufgießen und 10 Minuten ziehen lassen. Mascarino unterrühren, mit Kräutersalz und Zitronensaft abschmecken und einige Minuten verkochen lassen.

Vollwert-Erdäpfelpalatschinken mit Schnittlauchrahm

(4 Portionen)

1. Erdäpfel kochen, schälen und heiß durch die Erdäpfelpresse drücken.
2. Mit Eiern, Milch, Mehl und etwas Salz zu einem glatten Teig verrühren und 10 Minuten rasten lassen. In zerlassener THEA Palatschinken ausbacken.
3. Palatschinken mit Schnittlauchrahm bestreichen, einrollen, anrichten und mit Schnittlauch bestreuen.
4. Schnittlauchrahm: Sauerrahm mit Crème fraîche, Schnittlauch und Kräutersalz glattrühren.

50 dag mehlige Erdäpfel
5 Eier
$^1/_4$ l Milch
5 dag Vollkornmehl
Salz
THEA zum Ausbacken
$^1/_4$ l Sauerrahm
1 Becher Crème fraîche
1 Bund Schnittlauch, fein geschnitten
Kräutersalz

Schnittlauch zum Bestreuen

Reis

Gefüllte Kohlrabi

(4 Portionen)

1. Kohlrabi schälen, halbieren und mit einem Kugelausstecher aushöhlen.
2. Kohlrabihälften in Suppe ca. 10 Minuten kochen, aus der Suppe nehmen und gut abtropfen lassen.
3. Ausgehöhltes Fruchtfleisch fein hacken und in zerlassener THEA anrösten, Reis zufügen, kurz mitrösten und mit der Kohlrabisuppe aufgießen. Bei geringer Hitze 30 Minuten dünsten lassen.
4. Erbsen, Obers und Kerbel dazugeben, mit Muskat, Salz und Pfeffer würzen.
5. Einen Teil der Masse in die Kohlrabihälften füllen.
6. Restliche Fülle in eine befettete Auflaufform geben, Kohlrabi daraufsetzen und im vorgeheizten Backrohr bei 200 Grad 30 Minuten backen. Kohlrabi anrichten und mit gehacktem Kohlrabigrün oder Kerbel bestreuen.

4 Kohlrabi (ca. 1 kg)
$^1/_2$ l Rindsuppe (Würfelsuppe)
5 dag THEA
15 dag Rundkornreis
15 dag IGLO-Erbsen
$^1/_8$ l Obers
$^1/_2$ Bund Kerbel
Muskat
Salz
Pfeffer

THEA für die Form
Kohlrabigrün oder Kerbel zum Bestreuen

Broccoli-Reis-Laibchen

(4 Portionen)

½ l Wasser
Salz
3 dag THEA
15 dag Rundkornreis
20 dag Broccoli
3 dag THEA
3 Dotter
½ Becher Crème fraîche
10 dag glattes Mehl
2 Knoblauchzehen, zerdrückt
Salz
Muskat
Pfeffer
Mehl zum Wenden
2 Eier
15 dag Cornflakes
THEA zum Braten

1. Salzwasser mit THEA zum Kochen bringen, Reis dazugeben und unter mehrmaligem Umrühren weich dünsten; überkühlen lassen.
2. Broccoli putzen, in kleine Röschen teilen, Strunk kleinwürfelig schneiden und in Salzwasser bißfest kochen. Abseihen und gut abtropfen lassen.
3. THEA mit Dottern und Crème fraîche flaumig rühren, Reis, Broccoli und Mehl einrühren, mit Knoblauch, Salz, Muskat und Pfeffer würzen und alle Zutaten gut vermengen.
4. Aus der Masse mit befeuchteten Händen Laibchen formen und in Mehl und verquirltem Ei wenden.
5. Cornflakes grob zerbröseln, Laibchen darin wenden und in THEA knusprig braten.

Anmerkung

Man kann zusätzlich geröstete Pinienkerne und frisch geriebenen Parmesan unter die Reismasse mengen.

Risotto Cipriani

(4 Portionen)

10 dag Karotten
1 Zucchini (ca. 12 dag)
2 Paradeiser (ca. 20 dag)
10 dag Champignons
1 Zwiebel
5 dag THEA
35 dag Rundkornreis
1¼ l Hühnersuppe (Würfelsuppe)
Salz
Pfeffer aus der Mühle
10 dag Parmesan, frisch gerieben
5 dag THEA
Parmesan, frisch gehobelt
Basilikum und Petersilie, gehackt, zum Bestreuen

1. Karotten putzen, Zucchini waschen und beides kleinwürfelig schneiden.
2. Paradeiser kreuzweise einschneiden, blanchieren, kalt abschwemmen, schälen, entkernen und kleinwürfelig schneiden.
3. Champignons putzen und vierteln.
4. Zwiebel schälen, hacken, in THEA anrösten, Zucchini, Karotten, Champignons und Reis dazugeben, kurz mitrösten und mit Suppe aufgießen.
5. Risotto bei geringer Hitze unter ständigem Rühren 30 Minuten dünsten.
6. Mit Salz und frischgeriebenem Pfeffer abschmecken, Paradeiswürfel, Parmesan und THEA unterrühren. Risotto anrichten und mit gehobeltem Parmesan, Basilikum und Petersilienblättchen bestreuen.

Feurige Reispfanne

(4 Portionen)

1. Paprikaschoten waschen, halbieren, entkernen und großwürfelig schneiden.
2. Zwiebel schälen, kleinwürfelig schneiden, in THEA anrösten, Paprikawürfel, Reis und Paradeismark dazugeben und mit Suppe aufgießen.
3. Chilisauce und Knoblauch einrühren und bei mittlerer Hitze 30 Minuten dünsten.
4. Maiskörner und Bohnen gut abtropfen lassen, untermengen, mit Salz und Pfeffer abschmecken und weitere 10 Minuten dünsten lassen. Anrichten und mit gehackter Petersilie bestreuen.

1 rote Paprikaschote
1 grüne Paprikaschote
1 Zwiebel
3 dag THEA
18 dag Langkornreis
3 Eßlöffel Paradeismark
1 l Rindsuppe (Würfelsuppe)
2 Eßlöffel Chilisauce
4 Knoblauchzehen, zerdrückt
1 Dose Maiskörner
(15 dag Füllgewicht)
1 Dose rote Bohnen
(25 dag Füllgewicht)
Salz
Pfeffer
Petersilie zum Bestreuen

Frühlingsreis

(4 Portionen)

3/4 l Wasser
Salz
5 dag THEA
25 dag Langkornreis
20 dag Zuckerschoten
20 dag weißer Spargel
20 dag Austernpilze
5 dag THEA
2 Becher Crème fraîche
Muskat
Salz
Pfeffer
Kräuter nach Belieben
Petersilie

1. Salzwasser mit THEA aufkochen, Reis dazugeben und bei geringer Hitze ca. 30 Minuten dünsten.
2. Zuckerschoten waschen und putzen.
3. Spargel schälen und in 3 cm lange Stücke schneiden.
4. Pilze putzen und in feine Streifen schneiden.
5. THEA zerlassen, Gemüse und Pilze darin anbraten und zum Reis geben.
6. Crème fraîche unterrühren, mit Muskat, Salz und Pfeffer würzen.
7. Reis zudecken und im vorgeheizten Backrohr bei 180 Grad ca. 15 Minuten garen. Reis anrichten und mit Kräutern bestreuen.

Fenchelrisotto

(4 Portionen)

2 Fenchelknollen (ca. 35 dag)
1 Zwiebel
5 dag THEA
35 dag Rundkornreis
1/8 l trockener Weißwein
1 l Gemüsebouillon (Würfelsuppe)
5 dag Parmesan, gerieben
5 dag THEA
Salz
Pfeffer
Parmesan, frisch gehobelt
Dille zum Bestreuen

1. Fenchel waschen, putzen, halbieren und in feine Streifen schneiden.
2. Zwiebel schälen, kleinwürfelig schneiden, in THEA anrösten, Fenchel dazugeben und mitrösten.
3. Die Hälfte des Fenchels aus der Pfanne nehmen und beiseite stellen.
4. Reis zufügen, kurz mitrösten, mit Wein ablöschen, mit Bouillon aufgießen und bei geringer Hitze unter ständigem Rühren 30 Minuten dünsten.
5. Parmesan und THEA unterrühren und mit Salz und Pfeffer würzen. Risotto anrichten, mit Parmesan und Dille bestreuen.

Spargelragout mit Kräuterreis

(4 Portionen)

1. Spargel schälen, in 3 cm lange Stücke schneiden und in leicht gezuckertem Salzwasser bißfest kochen.
2. Zwiebel schälen, kleinwürfelig schneiden, in zerlassener THEA anrösten, Spargel dazugeben und mit 1/4 Liter Spargelsud aufgießen.
3. Obers halbsteif aufschlagen, Dotter und Petersilie untermengen.
4. Obersgemisch unter ständigem Rühren zum Spargel geben, einmal aufkochen lassen, von der Hitze nehmen und mit Salz, Pfeffer und Muskat abschmecken. Spargelragout mit Kräuterreis anrichten.
5. Kräuterreis: Zwiebel schälen, fein hacken, in zerlassener THEA anrösten, Reis kurz mitrösten, mit Suppe aufgießen, salzen und bei geringer Hitze weich dünsten. Kräuter und THEA unterrühren und nochmals abschmecken.

1 kg Spargel
Salz
Zucker
1 Zwiebel
3 dag THEA
1/8 l Obers
1 Dotter
1/2 Bund Petersilie, gehackt
Salz, Pfeffer, Muskat

Kräuterreis:
1 Zwiebel
3 dag THEA
20 dag Langkornreis
1 l Rindsuppe (Würfelsuppe)
Salz
1/2 Bund Petersilie, gehackt
1 Eßlöffel Estragon, gehackt
3 dag THEA

Gefüllte Zucchinischnitzel

(4 Portionen)

1. Fülle: Reis in THEA kurz anrösten, Paradeismark zufügen, gut durchrühren und mit Suppe aufgießen.
2. Kräuter der Provence beigeben, salzen und bei geringer Hitze 20 Minuten dünsten; erkalten lassen.
3. Käse mit einer Gabel zerdrücken, mit dem Reis vermengen, Petersilie dazugeben und mit Salz und Pfeffer würzen.
4. Zucchini waschen, schräg in dünne Scheiben schneiden, salzen und jeweils 2 Scheiben mit Fülle zusammensetzen.
5. In Mehl, verquirltem Ei und Bröseln wenden und in Öl knusprig herausbacken.

Anmerkung

Statt Doppelrahmkäse kann man auch cremigen Ziegen- oder Schafkäse verwenden.

Fülle:
8 dag Rundkornreis
3 dag THEA
2 Eßlöffel Paradeismark
1/2 l Rindsuppe (Würfelsuppe)
2 Kaffeelöffel Kräuter der Provence
Salz
10 dag Doppelrahmkäse
1/2 Bund Petersilie, gehackt
Salz, Pfeffer

2 große Zucchini (ca. 50 dag)
Salz
20 dag glattes Mehl
3 Eier
25 dag Semmelbrösel
BONA-Öl zum Herausbacken

Gebackene Reisschnitten mit Champignonsauce

(4 Portionen)

3/4 l Wasser
Salz
5 dag THEA
25 dag Rundkornreis
5 dag THEA
2 Eier
2 Dotter
1/2 Bund Petersilie, gehackt
Thymian, Salz, Pfeffer
BONA-Öl zum Bestreichen
2 Eier
BONA-Öl zum Braten
Champignonsauce:
1 Zwiebel
3 dag THEA
40 dag Champignons
1/8 l Rindsuppe (Würfelsuppe)
1/4 l Obers
3 dag THEA
3 dag glattes Mehl
Salz, Pfeffer
1/2 Bund Petersilie, gehackt

1. Salzwasser mit THEA aufkochen, Reis dazugeben und unter öfterem Umrühren weich dünsten; auskühlen lassen.
2. THEA mit Eiern und Dottern flaumig rühren, Reis und Petersilie dazugeben und mit Thymian, Salz und Pfeffer würzen.
3. Masse auf eine befettete rechteckige Platte 2 cm hoch aufstreichen und 2 bis 3 Stunden kalt stellen.
4. Reisplatte in Schnitten schneiden, in verquirltem Ei wenden und in Öl beidseitig goldbraun braten, auf Küchenkrepp abtropfen lassen und mit Champignonsauce anrichten.
5. Champignonsauce: Zwiebel schälen, fein hacken und in THEA anrösten, geputzte, feingeschnittene Champignons dazugeben, mitrösten und mit Suppe und Obers aufgießen. THEA mit Mehl verkneten, dazugeben und mit einem Schneebesen gut verrühren. Sauce ca. 10 Minuten kochen lassen und mit Salz und Pfeffer abschmecken. Kurz vor dem Anrichten Petersilie einrühren.

Vollkorn-Linsen-Risotto

(4 Portionen)

1 Zwiebel
5 dag THEA
15 dag Natur-Mittelkornreis
15 dag Linsen
3/4 l Rindsuppe (Würfelsuppe)
1 Lorbeerblatt
1 Thymianzweig
10 dag Karotten
10 dag Sellerie
10 dag Lauch
10 dag Chinakohl
Kräutersalz
5 dag THEA
Petersilie, fein gehackt

1. Zwiebel schälen, kleinwürfelig schneiden, in zerlassener THEA anrösten, Reis und Linsen dazugeben, kurz mitrösten und mit Suppe aufgießen.
2. Lorbeerblatt und Thymianzweig zufügen und bei geringer Hitze 30 Minuten kochen lassen.
3. Karotten und Sellerie putzen, kleinwürfelig schneiden. Lauch und Chinakohl waschen, putzen, fein schneiden und mit dem übrigen Gemüse zum Risotto geben.
4. Risotto bei gleicher Hitze 20 Minuten dünsten, öfter umrühren.
5. Lorbeerblatt und Thymianzweig entfernen, mit Kräutersalz würzen und THEA unterrühren. Risotto anrichten und mit Petersilie bestreuen.

Gebratener Reis mit geräuchertem Tofu

(4 Portionen)

1. Salzwasser mit THEA aufkochen, Reis dazugeben und bei geringer Hitze weich dünsten; vollständig erkalten lassen.
2. Frühlingszwiebeln putzen (dunkles Blattgrün entfernen) und in Ringe schneiden.
3. Paprikaschote waschen, halbieren, entkernen und in dünne Streifen schneiden.
4. Karotte putzen und grob raffeln.
5. Gemüse in heißem Öl anbraten, Reis zufügen und unter ständigem Wenden knusprig braten, mit Kräutersalz und Pfeffer würzen.
6. Tofu in Scheiben schneiden, in THEA beidseitig abbraten und mit Reis anrichten.

$^{3}/_{4}$ l Wasser
Meersalz
3 dag THEA
15 dag Naturreis
1 Bund Frühlingszwiebeln
1 rote Paprikaschote
1 große Karotte (etwa 10 dag)
5 Eßlöffel BONA-Öl
Kräutersalz
Pfeffer
30 dag Tofu, geräuchert
THEA zum Braten

Teigwaren

Tagliatelle mit Steinpilzsauce

(4 Portionen)

1. Getrocknete Pilze grob hacken und in $^{1}/_{8}$ Liter lauwarmem Wasser ca. 30 Minuten einweichen.
2. Zwiebel schälen, fein hacken und in zerlassener THEA anrösten.
3. Steinpilze putzen, kurz unter kaltem Wasser abbrausen, dünnblättrig schneiden und einige Minuten mitrösten.
4. Eingeweichte Pilze samt Einweichwasser dazugeben und mit Suppe aufgießen.
5. Crème fraîche mit einem Schneebesen unterrühren, mit Thymian, Salz und Pfeffer würzen. Sauce einige Minuten kochen lassen und Petersilie einrühren.
6. Tagliatelle in Salzwasser bißfest kochen, abseihen und mit der Sauce anrichten.

4 dag getrocknete Steinpilze
1 Zwiebel
3 dag THEA
35 dag Steinpilze
$^{1}/_{4}$ l Rindsuppe (Würfelsuppe)
1 Becher Crème fraîche
1 Kaffeelöffel Thymian
Salz
Pfeffer
1 Eßlöffel Petersilie, gehackt
45 dag Tagliatelle (dünne Bandnudeln)
Salz

Cannelloni mit Topfenfülle

(4 Portionen)

60 dag Broccoli
Salz, Pfeffer
THEA für die Form
Fülle:
8 dag THEA
2 Eier
50 dag Topfen
5 dag Parmesan, gerieben
2 Knoblauchzehen, zerdrückt
Kräutersalz
12 Cannelloni
Übergußsauce:
5 dag THEA
5 dag glattes Mehl
$^1/_2$ l Milch
Salz, Muskat

1. Broccoli putzen, in Röschen teilen und in Salzwasser bißfest kochen; abseihen.
2. In eine befettete Form legen und etwas salzen und pfeffern.
3. Fülle: THEA flaumig rühren, Eier nach und nach unterrühren, Topfen, Parmesan und Knoblauch beimengen und mit Kräutersalz würzen.
4. Masse in einen Spritzsack ohne Tülle geben und Cannelloni damit füllen; über den Broccoli verteilen.
5. Übergußsauce: THEA zerlassen, Mehl kurz darin anrösten, mit Milch aufgießen und unter ständigem Rühren einige Minuten kochen lassen. Mit Salz und Muskat würzen und über den Cannelloni verteilen. Im vorgeheizten Backrohr bei 200 Grad 45 Minuten backen.

Gefüllte Nudelrollen

(4 Portionen)

Teig:
20 dag glattes Mehl
2 Eier
1 Eßlöffel BONA-Öl
Salz

Fülle:
80 dag Fleischparadeiser
25 dag Mozzarella
1 Becher Crème fraîche
1 Bund Petersilie, gehackt
2 Eßlöffel frisches Basilikum, gehackt
5 dag Parmesan, gerieben
Salz, Pfeffer

Mehl zum Ausarbeiten
$^1/_4$ l Obers
3 Eßlöffel Paradeismark
Salz
Pfeffer

1. Nudelteig: Mehl, Eier, Öl und Salz zu einem geschmeidigen Teig verarbeiten, in Klarsichtfolie wickeln und 1 Stunde rasten lassen.
2. Fülle: Paradeiser am Blütenansatz kreuzweise einschneiden, blanchieren, kalt abschwemmen, schälen, entkernen und kleinwürfelig schneiden.
3. Mozzarella gut abtropfen lassen, kleinwürfelig schneiden und mit Paradeisern, Crème fraîche, Petersilie, Basilikum und Parmesan gut vermengen; salzen und pfeffern.
4. Teig auf einer bemehlten Arbeitsfläche etwa 2 mm dick ausrollen und auf ein bemehltes Strudeltuch legen.
5. Paradeismasse darauf verteilen, Seitenlängen einschlagen und mit Hilfe des Tuchs eng einrollen.
6. Obers mit Paradeismark glattrühren, mit Salz und Pfeffer würzen und in eine flache Form gießen.
7. Nudelrolle in 2 cm dicke Scheiben schneiden, in die Form legen und im vorgeheizten Backrohr bei 220 Grad ca. 35 Minuten backen.

Ravioli mit Ruccolafülle

(4 Portionen)

12 dag glattes Mehl
12 dag griffiges Mehl
2 Eier
2 Eßlöffel BONA-Öl
Salz

Fülle:
15 dag Ruccola
4 dag THEA
10 dag Gervais
10 dag Mascarino
2 Dotter
3 dag Parmesan, frisch gerieben
Salz
Pfeffer

Mehl zum Ausarbeiten
1 Ei
Salz
$^{1}/_{8}$ l Obers
Salz
Pfeffer
Muskat
Parmesan zum Bestreuen

1. Teig: Mehl, Eier, Öl und Salz zu einem geschmeidigen Teig verkneten und in Klarsichtfolie gewickelt 30 Minuten rasten lassen.
2. Fülle: Ruccola waschen, in Streifen schneiden und in zerlassener THEA dünsten; erkalten lassen.
3. Gervais mit Mascarino und Dottern vermengen, Ruccola und Parmesan zufügen und mit Salz und Pfeffer abschmecken.
4. Teig auf einer bemehlten Arbeitsfläche dünn ausrollen und halbieren.
5. Eine Hälfte mit Ei bestreichen.
6. Fülle: Mit einem Kaffeelöffel kleine Häufchen in etwa 3 cm Abstand auf den Teig setzen.
7. Zweite Teighälfte darüberklappen, Zwischenräume festdrücken und in Vierecke schneiden.
8. Teigtäschchen (Ravioli) in kochendes Salzwasser einlegen und ca. 12 Minuten kochen lassen.
9. Obers einmal aufkochen, mit Salz, Pfeffer und Muskat würzen. Ravioli aus dem Wasser heben, in Obers schwenken, anrichten und mit Parmesan bestreuen.

Bandnudeln mit pikanter Nußsauce

(4 Portionen)

Nußsauce:
10 dag Walnüsse
10 dag Pinienkerne
1 Knoblauchzehe
5 Eßlöffel Olivenöl
$^{1}/_{8}$ l Rindsuppe (Würfelsuppe)
6 dag Parmesan, frisch gerieben
Salz

45 dag Bandnudeln
Salz
Pfeffer aus der Mühle

1. Nußsauce: Walnüsse und Pinienkerne ohne Fett kurz anrösten und im Mixer grob zerkleinern.
2. Knoblauch schälen, fein hacken, in Öl anrösten, Nüsse zufügen, kurz mitrösten, mit Suppe aufgießen und einmal aufkochen lassen.
3. Parmesan nach und nach unterrühren und salzen.
4. Bandnudeln in Salzwasser bißfest kochen, abseihen und mit der Nußsauce gut vermengen. Nudeln anrichten und mit frischgeriebenem Pfeffer bestreuen.

Gemüselasagne

(4–6 Portionen)

1. Zwiebel schälen, fein hacken und in zerlassener THEA anrösten. Champignons waschen, putzen, feinblättrig schneiden und einige Minuten mitrösten.
2. Paradeiser samt Saft dazugeben. Knoblauch, Oregano und Basilikum beigeben, mit Salz und Pfeffer würzen und Sauce bei geringer Hitze ca. 15 Minuten kochen lassen.
3. Melanzane und Zucchini waschen, der Länge nach in dünne Scheiben schneiden und in zerlassener THEA beidseitig abbraten. Salzen und auf Küchenkrepp gut abtropfen lassen.
4. Befettete Bratwanne mit 3 bis 4 Lasagneblättern auslegen, mit einigen Zucchini- und Melanzanescheiben belegen und mit etwas Käse bestreuen. 2 oder 3 Schöpfer Paradeissauce darüber verteilen und Vorgang so lange wiederholen, bis alle Zutaten verbraucht sind.
5. Überguß: Crème fraîche mit Milch, Dottern und Parmesan glattrühren, mit Salz und Pfeffer würzen und über den übrigen Zutaten verteilen. Mit Alufolie abdecken und im Rohr bei 200 Grad ca. 30 Minuten backen. Alufolie entfernen und weitere 20 Minuten bei gleicher Temperatur weiterbacken. Lasagne im abgeschalteten Rohr 10 Minuten rasten lassen, in Portionen teilen und anrichten.

1 Zwiebel
3 dag THEA
25 dag Champignons
3 Dosen geschälte Paradeiser (à 42 dag Füllgewicht)
3 Knoblauchzehen, zerdrückt
1 Kaffeelöffel Oregano
1 Kaffeelöffel Basilikum
Salz
Pfeffer
1 große Melanzane
2 Zucchini (ca. 40 dag)
THEA zum Braten
Salz
THEA für die Form
20 Lasagneblätter
20 dag Parmesan, frisch gerieben

Überguß:
2 Becher Crème fraîche
$^{1}/_{16}$ l Milch
2 Dotter
5 dag Parmesan, frisch gerieben
Salz
Pfeffer

Spaghetti al Pesto

(4 Portionen)

1. Knoblauch schälen, Basilikumblättchen hacken.
2. Mit Pinienkernen und der Hälfte des Olivenöls im Mixer fein pürieren.
3. Restliches Olivenöl und Parmesan zufügen, salzen, pfeffern und nochmals gut durchmixen; etwa 1 Stunde kalt stellen. Sollte das Pesto zu fest sein, etwas Milch unterrühren.
4. Spaghetti in Salzwasser bißfest kochen, abseihen, anrichten und Pesto kalt darüber verteilen.

2 Knoblauchzehen
2 Bund Basilikum (ca. 10 Eßlöffel)
2 Eßlöffel Pinienkerne
$^{1}/_{8}$ l Olivenöl
3 dag Parmesan, frisch gerieben
Salz
Pfeffer
50 dag Spaghetti
Salz

Spaghetti mit Zwiebelsauce

(4 Portionen)

50 dag Zwiebel
5 Eßlöffel BONA-Öl
1/8 l trockener Weißwein
1/4 l Rindsuppe (Würfelsuppe)
Thymian
Oregano
Salz
Pfeffer
50 dag Spaghetti
Salz

Paprikapulver (edelsüß) und gehackte Petersilie zum Bestreuen

1. Zwiebel schälen, in feine Ringe schneiden und in Öl goldgelb anrösten.
2. Mit Suppe und Weißwein aufgießen, Gewürze zufügen und mit Salz und Pfeffer würzen.
3. Sauce bei geringer Hitze ca. 20 Minuten kochen lassen.
4. Spaghetti in Salzwasser bißfest kochen, abseihen und mit der Sauce gut vermengen. Spaghetti anrichten und mit Paprikapulver und Petersilie bestreuen.

Eiernockerln

(4 Portionen)

35 dag glattes Mehl
3 Eier
8 dag THEA
1/8 l Milch
Salz
8 dag THEA
5 Eier
Salz
1 Bund Schnittlauch, fein geschnitten

1. Mehl mit Eiern, zerlassener THEA, Milch und Salz zu einem glatten Teig verrühren.
2. Salzwasser zum Kochen bringen und mit einem Kaffeelöffel kleine Nockerln einkochen, öfters umrühren; einmal aufkochen lassen, abseihen und gut abschwemmen.
3. THEA zerlassen und Nockerln darin schwenken.
4. Eier mit Salz verquirlen, darübergießen, etwas stocken lassen und unter ständigem Wenden weiterbraten, bis die Eier gestockt sind. Nockerln anrichten und mit Schnittlauch bestreuen.

Variante

Nockerln in zerlassener THEA schwenken, mit Salz und Pfeffer würzen und mit geraffeltem Emmentaler bestreuen. Von der Hitze nehmen und zugedeckt so lange stehen lassen, bis der Käse geschmolzen ist. Mit Schnittlauch oder gerösteten Zwiebelringen bestreuen.

Gezupfte Krautfleckerln

(4 Portionen)

1. Teig: Mehl mit Ei, Wasser, Öl und Salz zu einem glatten Teig verarbeiten, auf einen bemehlten Teller legen und zugedeckt ca. 30 Minuten rasten lassen.
2. Kraut putzen, Strunk entfernen und fein schneiden.
3. Zwiebel schälen, fein hacken und in THEA anrösten, Zucker darüberstreuen, Kraut zugeben, salzen und unter ständigem Wenden mitrösten.
4. Mit Suppe aufgießen, mit Kümmel und Pfeffer würzen, weich dünsten.
5. Vom Teig mit bemehlten Fingern kleine „Fleckerln abzupfen", in kochendes Salzwasser geben, 4 Minuten kochen lassen und abseihen.
6. Fleckerln zum Kraut geben, gut vermengen und eventuell nachsalzen.

Teig:
30 dag glattes Mehl
1 Ei
1/8 l Wasser
2 Eßlöffel BONA-Öl
Salz
Mehl zum Bestreuen

80 dag Weißkraut
1 Zwiebel
5 dag THEA
1 Kaffeelöffel Kristallzucker
Salz
1/4 l Rindsuppe (Würfelsuppe)
Kümmel
Pfeffer
Salz

Gemüsespaghetti mit Buchweizen-Lauch-Sauce

(4 Portionen)

8 dag Buchweizen
$^{1}/_{2}$ l Wasser
30 dag Lauch
5 dag THEA
$^{1}/_{4}$ l Gemüsebouillon (Würfelsuppe)
$^{1}/_{8}$ l Obers
Salz
Pfeffer
1 Bund Wurzelwerk
3 dag THEA
35 dag Vollkornspaghetti
Salz

1. Buchweizen im kalten Wasser einweichen und ca. 30 Minuten quellen lassen.
2. Lauch putzen, in feine Ringe schneiden, in zerlassener THEA anrösten und mit Bouillon aufgießen.
3. Buchweizen abseihen, zugeben und bei geringer Hitze 20 Minuten kochen lassen.
4. Obers zufügen, mit Salz und Pfeffer würzen und einige Minuten kochen lassen.
5. Wurzelwerk putzen, in feine Streifen schneiden und in zerlassener THEA anrösten.
6. Spaghetti in Salzwasser bißfest kochen, abseihen, mit dem Gemüse vermengen und salzen. Spaghetti mit der Sauce anrichten.

Vollkornspiralen mit Spinat

(4 Portionen)

30 dag Vollkornspiralen
Salz
30 dag IGLO-Blattspinat
5 dag THEA
12 dag Schafkäse
$^{1}/_{8}$ l Milch
2 Knoblauchzehen, zerdrückt
Salz
Pfeffer
2 Eßlöffel Walnüsse, gehackt

1. Spiralen in Salzwasser bißfest kochen, abseihen, abschwemmen und warm stellen.
2. Aufgetauten Spinat grob hacken und in zerlassener THEA schwenken.
3. Schafkäse zerbröseln, zugeben, mit Milch aufgießen und Knoblauch zufügen.
4. Mit Salz und Pfeffer würzen und so lange kochen, bis der Käse leicht geschmolzen ist.
5. Spiralen dazugeben, gut vermengen, eventuell nachsalzen, anrichten und mit gehackten Walnüssen bestreuen.

Hauptgerichte mit Fleisch

Erdäpfel-Wurst-Spieße

(4 Portionen)

40 dag speckige Erdäpfel
2 Knackwürste
2 Zwiebeln
Salz
Pfeffer
20 dag Schinkenspeck, dünn aufgeschnitten
BONA-Öl zum Braten

1. Erdäpfel kochen, schälen, auskühlen lassen und in 1 cm breite Scheiben schneiden.
2. Knackwürste schälen und ebenfalls in 1 cm dicke Scheiben schneiden.
3. Zwiebeln schälen und achteln.
4. Alle Zutaten abwechselnd auf 4 Spieße stecken; pfeffern und etwas salzen.
5. Spieße mit Speckscheiben umwickeln und in heißem Öl rundherum knusprig braten.

Gefülltes Bauchfleisch

(6 Portionen)

1,20 kg Bauchfleisch, ausgelöst (am besten vom Fleischhauer eine Tasche einschneiden lassen)
Salz
5 dag THEA

Fülle:
35 dag mehlige Erdäpfel
8 dag Toastbrot
$^1/_8$ l Milch
5 dag Steinpilze, getrocknet
1 Zwiebel
2 Eßlöffel BONA-Öl
5 dag THEA
2 Dotter
1 Bund Petersilie, gehackt
Majoran
Salz
Pfeffer

1. Fülle: Erdäpfel kochen, schälen und heiß durch die Erdäpfelpresse drücken.
2. Toastbrot kleinwürfelig schneiden und mit Milch übergießen.
3. Steinpilze in kaltem Wasser ca. 30 Minuten einweichen.
4. Zwiebel schälen, kleinwürfelig schneiden, in Öl anrösten; überkühlen lassen.
5. THEA mit Dottern flaumig rühren, Erdäpfel, ausgedrücktes Toastbrot, geröstete Zwiebel, Petersilie und gut ausgedrückte, grobgehackte Pilze dazumischen.
6. Mit Salz, Pfeffer und Majoran würzen.
7. Bauchfleisch außen und innen mit Salz bestreuen, füllen und Öffnung mit Küchengarn zunähen, Schwarte in ca. 1 cm Abständen einschneiden.
8. Fleisch in heißer THEA anbraten und im Backrohr bei 200 Grad ca. $1^1/_2$ Stunden braten; während des Bratens immer wieder mit Bratensaft übergießen; eventuell etwas Wasser nachgießen.

Tip

Bauchfleisch nach dem Braten in Alufolie wickeln und 10 bis 15 Minuten rasten lassen, damit sich der Fleischsaft gleichmäßig verteilt.

Zwiebelragout mit Erdäpfeln

(4 Portionen)

1. Zwiebeln schälen, in Ringe schneiden und in Öl anrösten.
2. Paradeismark dazugeben und mit Rotwein und Rindsuppe aufgießen.
3. Fleisch in Würfel schneiden und mit Lorbeerblatt, Pfefferkörnern und Wacholderbeeren zu den Zwiebeln geben, Ragout zugedeckt etwa 1 Stunde dünsten.
4. Erdäpfel schälen, vierteln, zugeben und weitere 30 Minuten dünsten.
5. Sauerrahm mit Mehl glattrühren. Ragout von der Hitze nehmen; Rahmgemisch unterrühren, salzen und noch einige Minuten kochen lassen.

5 Zwiebeln (ca. 40 dag)
$^{1}/_{10}$ l BONA-Öl
2 Eßlöffel Paradeismark
$^{1}/_{8}$ l trockener Rotwein
$^{1}/_{2}$ l Rindsuppe (Würfelsuppe)
70 dag Rindfleisch (z. B. weißes Scherzel)
1 Lorbeerblatt
5 Wacholderbeeren
5 Pfefferkörner
30 dag speckige Erdäpfel
$^{1}/_{8}$ l Sauerrahm
2 dag glattes Mehl
Salz

Pikanter Erdäpfelstrudel

(4 Portionen)

1. Teig: Erdäpfel kochen, schälen, heiß durch die Erdäpfelpresse drücken, mit Grieß, Mehl, Ei und weicher THEA vermengen und mit Salz und Muskat würzen.
2. Fülle: Zwiebel schälen, fein hacken, Speck kleinwürfelig schneiden und in THEA anrösten; Petersilie einrühren und von der Hitze nehmen.
3. Semmel in Wasser 15 Minuten einweichen, gut ausdrücken und mit Faschiertem, Zwiebelröstung, Ei und Semmelbröseln vermengen. Mit Salz, Pfeffer und Thymian würzen.
4. Teig auf einer bemehlten Arbeitsfläche 1 cm dick ausrollen. Fleischmasse gleichmäßig darauf verteilen, einrollen und auf ein befettetes Backblech legen.
5. Im Backrohr bei 180 Grad ca. 40 Minuten backen; während des Backens immer wieder mit flüssiger THEA bestreichen.

Hinweis

Sehr gut schmecken Salate oder gedünstetes Gemüse zu diesem Strudel.

Teig:
70 dag mehlige Erdäpfel
6 dag Weizengrieß
6 dag glattes Mehl
1 Ei
4 dag THEA
Salz, Muskat
Fülle:
1 Zwiebel
8 dag Hamburgerspeck
4 dag THEA
1 Bund Petersilie, gehackt
1 Semmel
40 dag gemischtes Faschiertes
1 Ei
2 dag Semmelbrösel
Salz, Pfeffer
1 Kaffeelöffel Thymian
Mehl zum Ausarbeiten
THEA für das Backblech
THEA zum Bestreichen

Schweinslungenbraten mit Erdäpfelhaube in Biersauce

(4 Portionen)

40 dag mehlige Erdäpfel
2 Dotter
8 dag THEA
1 Kaffeelöffel Kümmel, gemahlen
Majoran
Salz
Pfeffer
45 dag Schweinslungenbraten, geputzt
6 Eßlöffel BONA-Öl
1/8 l schwarzes Bier
1/8 l Rindsuppe (Würfelsuppe)
1 dag THEA
1 Eßlöffel glattes Mehl
Honig
Salz
Pfeffer
2 Eßlöffel Crème fraîche

1. Erdäpfel kochen, schälen, mit einer Gabel zerdrücken und mit Dottern, weicher THEA, Kümmel, Majoran, Salz und Pfeffer vermengen.
2. Schweinslungenbraten in 2 cm breite Scheiben schneiden und mit Salz und Pfeffer würzen.
3. Fleisch in Öl beidseitig kurz anbraten, in eine befettete Form legen, Erdäpfelmasse mit einem Eßlöffel daraufgeben und im Backrohr bei 200 Grad ca. 8 Minuten überbacken.
4. Bratrückstand mit Bier und Rindsuppe aufgießen.
5. THEA mit Mehl verkneten, in die Sauce geben, gut verrühren und mit etwas Honig, Salz und Pfeffer abschmecken.
6. Sauce einige Minuten kochen lassen und Crème fraîche unterrühren.
7. Schweinslungenbraten mit Sauce anrichten.

Gebratene Specknudeln

(4 Portionen)

Teig:
50 dag mehlige Erdäpfel
20 dag glattes Mehl
2 Eier
Muskat
Salz
Pfeffer

Fülle:
20 dag Hamburgerspeck
3 dag THEA
4 Zwiebeln
1 Bund Petersilie, gehackt
Salz
Pfeffer
Mehl zum Ausarbeiten
THEA zum Braten

1. Teig: Erdäpfel kochen, schälen und heiß durch die Erdäpfelpresse drücken.
2. Mit Mehl und Eiern vermengen und mit Muskat, Salz und Pfeffer würzen. Alles rasch zu einem glatten Teig verkneten und zugedeckt 30 Minuten rasten lassen.
3. Fülle: Speck kleinwürfelig schneiden und in THEA anrösten. Zwiebeln schälen, fein hacken, dazugeben und unter ständigem Rühren goldbraun braten; von der Hitze nehmen.
4. Petersilie hinzufügen, etwas salzen und pfeffern.
5. Teig auf einer bemehlten Arbeitsfläche 1/2 cm dick auswalken, mit der Zwiebelmasse bestreichen, eng einrollen und Rolle mit den Händen etwas flachdrücken.
6. Rolle in 1/2 cm dicke Scheiben schneiden und in zerlassener THEA beidseitig knusprig braten.

Erdäpfelpizza

(4–6 Portionen)

80 dag speckige Erdäpfel
15 dag Hamburgerspeck
3 dag THEA
50 dag Fleischparadeiser
Oregano
Salz
Pfeffer
25 dag Gouda, geraffelt

1. Erdäpfel schälen, in dünne Scheiben schneiden und bis zur Weiterverarbeitung beiseite stellen.
2. Speck kleinwürfelig schneiden und in Fett anrösten.
3. Paradeiser waschen und in dünne Scheiben schneiden.
4. Alle Zutaten dachziegelartig auf ein befettetes Backblech verteilen und mit Oregano, Salz und Pfeffer bestreuen.
5. Pizza mit Alufolie abdecken und im Rohr bei 200 Grad ca. 20 Minuten backen.
6. Alufolie entfernen, mit Käse bestreuen und bei 220 Grad auf oberster Schiene 8 bis 10 Minuten weiterbacken. Pizza heiß servieren.

Burgenländischer Mostbraten

(4–6 Portionen)

1 kg Schopfbraten vom Schwein, ausgelöst
Salz
Pfeffer
1 Kaffeelöffel Thymian
1 Kaffeelöffel Majoran
2 Knoblauchzehen, zerdrückt
$^1/_2$ Kaffeelöffel Kümmel, gemahlen
5 dag THEA
$^1/_2$ l herber Most
25 dag Erdäpfel
4 Wacholderbeeren
6 Pfefferkörner
4 Scheiben Schwarzbrot, in Würfel geschnitten
THEA zum Rösten

1. Fleisch mit Salz, Pfeffer, Thymian, Majoran, Knoblauch und Kümmel einreiben, in ein verschließbares Gefäß geben und 24 Stunden darin marinieren.
2. Fleisch in THEA rundherum anbraten und mit Most aufgießen.
3. Erdäpfel schälen, grob raffeln und mit Wacholderbeeren und Pfefferkörnern zum Fleisch geben.
4. Im Backrohr bei 200 Grad ca. 2 Stunden braten; während des Bratens das Fleisch des öfteren mit Bratensaft übergießen.
5. Fleisch aus der Sauce nehmen und kurz rasten lassen. Sauce passieren und eventuell nachwürzen.
6. Fleisch in Scheiben schneiden, mit Sauce anrichten und mit knusprig gerösteten Schwarzbrotwürfeln bestreuen.

Rumpsteaks mit Erdäpfel-Rotweinsauce

(4 Portionen)

50 dag mehlige Erdäpfel
10 dag Sellerie
1 Zwiebel
4 Rumpsteaks (à ca. 18 dag)
Salz
Pfeffer
4 dag THEA
$^1/_4$ l trockener Rotwein
$^1/_8$ l Rindsuppe (Würfelsuppe)
1 Zweig Thymian
1 Knoblauchzehe, zerdrückt
$^1/_{16}$ l Kaffeeobers
Salz
Pfeffer
Kristallzucker

1. Erdäpfel schälen und in Spalten schneiden.
2. Sellerie schälen und kleinwürfelig schneiden.
3. Zwiebel schälen und fein hacken.
4. Rumpsteaks salzen und pfeffern und in THEA beidseitig kurz anbraten. Aus der Pfanne nehmen, in Alufolie wickeln und im vorgeheizten Rohr bei 180 Grad 15 Minuten garen.
5. Zwiebel und Sellerie im Bratrückstand anrösten, Erdäpfel zugeben und mit Wein und Rindsuppe aufgießen.
6. Thymian und Knoblauch dazugeben und Sauce bei mittlerer Hitze 15 Minuten kochen lassen.
7. Kaffeeobers einrühren und mit Salz, Pfeffer und einer Prise Zucker abschmecken; Sauce einmal aufkochen lassen und Steaks damit anrichten.

Rehfilets mit gebackenen Erdäpfelknödeln

(4 Portionen)

60 dag ausgelöste Rehfilets
$^{1}/_{16}$ l Grappa oder Gin
5 Wacholderbeeren
1 Zweig Thymian
1 Zweig Rosmarin

Knödel:
50 dag mehlige Erdäpfel
10 dag Haselnüsse
2 Dotter
8 dag THEA
15 dag griffiges Mehl
Salz
Mehl zum Wenden
2 Eier
Semmelbrösel zum Panieren
BONA-Öl zum Herausbacken
4 dag THEA
$^{1}/_{4}$ l trockener Rotwein
3 Eßlöffel Preiselbeerkompott
$^{1}/_{8}$ l Obers
Salz, Pfeffer
Kräuter (z. B. Thymian und Rosmarin) zum Garnieren

1. Rehfilets in 2 cm dicke Scheiben schneiden, in eine Schüssel legen und mit Grappa übergießen.
2. Wacholderbeeren zerdrücken und samt Rosmarin und Thymian zum Fleisch geben, zugedeckt ca. 6 Stunden im Eiskasten marinieren.
3. Knödel: Erdäpfel kochen, schälen und heiß durch die Erdäpfelpresse drücken.
4. Haselnüsse hacken, Dotter, weiche THEA und Mehl zu den Erdäpfeln geben, salzen und alles rasch zu einem glatten Teig verkneten.
5. Aus dem Teig kleine Knödel formen, mit Mehl, verquirltem Ei und Bröseln panieren und in Öl schwimmend ausbacken.
6. Rehfilets gut abtropfen lassen, in THEA beidseitig braten, salzen und pfeffern; warm stellen.
7. Bratrückstand mit Marinade und Rotwein ablöschen, Preiselbeerkompott und Obers dazugeben, einige Minuten kochen lassen, Sauce durch ein Sieb passieren und etwas salzen.
8. Rehfilets mit Sauce und Knödeln anrichten und mit Kräutern garnieren.

Irish Stew

(4 Portionen)

1 Lammkeule, ausgelöst (ca. 80 dag)
2 Zweige Thymian
2 Lorbeerblätter
5 Pfefferkörner
5 Wacholderbeeren
4 Knoblauchzehen
40 dag Erdäpfel
2 Zwiebeln
30 dag Wurzelwerk
$^{1}/_{2}$ Kohlkopf (ca. 40 dag)
Salz
Pfeffer
$^{1}/_{2}$ Bund Petersilie

1. Fleisch in Würfel schneiden, in einen Topf geben und mit Wasser bedecken.
2. Thymian, Lorbeerblätter, Pfefferkörner, Wacholderbeeren und Knoblauch zugeben und bei mittlerer Hitze 40 Minuten kochen lassen.
3. Erdäpfel und Zwiebeln schälen und beides vierteln.
4. Wurzelwerk putzen und großwürfelig schneiden.
5. Kohl putzen, in breite Streifen schneiden und mit dem übrigen Gemüse zum Fleisch geben.
6. Eventuell etwas Flüssigkeit zufügen und zugedeckt bei gleicher Hitze weitere 40 Minuten dünsten.
7. Mit Salz und Pfeffer abschmecken und mit feingehackter Petersilie bestreuen.

Lammkoteletts im Erdäpfel-Speckmantel

(4 Portionen)

12 einfache Lammkoteletts
3 große längliche Erdäpfel (ca. 50 dag)
1 Eßlöffel Thymian, gehackt
Salz
Pfeffer
20 dag Schinkenspeck, dünn geschnitten
5 dag THEA
20 dag Cocktailparadeiser
2 dag THEA

1. Erdäpfel schälen und der Länge nach in 1 mm dünne Scheiben schneiden.
2. Lammkoteletts mit Thymian, Salz und Pfeffer würzen und kreuzweise mit den Erdäpfelscheiben umwickeln.
3. Erdäpfelmantel mit Speckscheiben umwickeln und mit den Händen leicht festdrücken.
4. Koteletts in THEA bei mittlerer Hitze beidseitig knusprig abbraten; zugedeckt ca. 5 Minuten ziehen lassen.
5. Koteletts anrichten und mit in THEA gebratenen Cocktailparadeisern garnieren.

Hascheeknödel

(4 Portionen)

Teig:
50 dag mehlige Erdäpfel
22 dag griffiges Mehl
8 dag Weizengrieß
2 Eier
5 dag THEA
Salz

Fülle:
25 dag Braten- oder Wurstreste
1 Zwiebel
4 dag THEA
1 Ei
Majoran
2 Knoblauchzehen, zerdrückt
½ Bund Petersilie, gehackt
Salz
Pfeffer
Mehl zum Ausarbeiten
Salz

1. Teig: Erdäpfel kochen, schälen, heiß durch die Erdäpfelpresse drücken und mit Mehl, Grieß, Eiern, weicher THEA und Salz zu einem Teig verarbeiten und ca. 30 Minuten rasten lassen.
2. Fülle: Fleisch fein hacken oder faschieren. Zwiebel schälen, fein hacken und in THEA anrösten, Fleisch dazugeben und kurz mitrösten; von der Hitze nehmen, mit Ei, Majoran, Knoblauch sowie Petersilie vermengen und mit Salz und Pfeffer würzen; überkühlen lassen.
3. Aus der Masse 8 Kugeln formen.
4. Teig auf einer bemehlten Arbeitsfläche zu einer Rolle formen und in 8 Scheiben schneiden.
5. Teigstücke mit einer Fleischkugel belegen und zu Knödeln formen.
6. Knödel in kochendes Salzwasser einlegen; Hitze zurücknehmen und ca. 12 Minuten kochen lassen.

Variante

Grammelknödel: 25 dag Grammeln fein hacken, mit 2 Eßlöffeln gehackten Zwiebeln, 2 zerdrückten Knoblauchzehen, Majoran, Salz, Pfeffer und 2 Eßlöffeln gehackter Petersilie verkneten; zu kleinen Knödeln formen und wie Hascheeknödel verarbeiten.

Geschmortes Kaninchen

(4 Portionen)

1. Kaninchen in portionsgerechte Stücke teilen und mit Salz und Pfeffer würzen.
2. Kaninchenteile in heißer THEA anbraten und aus der Pfanne nehmen.
3. Wurzelwerk putzen, grob raffeln und im Bratrückstand anrösten.
4. Speck kleinwürfelig schneiden und miträsten.
5. Mit Wein ablöschen, Kaninchenteile, Rosmarin, Thymian, Lorbeerblätter und Wacholderbeeren dazugeben und salzen.
6. Erdäpfel schälen, vierteln, ebenfallls zugeben und zugedeckt im Backrohr bei 160 Grad ca. $1\frac{1}{2}$ Stunden garen; eventuell nachwürzen.

1 Kaninchen, geputzt
(ca. 1,20 kg)
Salz
Pfeffer
5 dag THEA
1 Bund Wurzelwerk
10 dag Hamburgerspeck
$\frac{1}{2}$ l trockener Weißwein
1 Zweig Rosmarin
1 Zweig Thymian
3 Lorbeerblätter
5 Wacholderbeeren
Salz
60 dag festkochende Erdäpfel

Blunzenscheiben mit Erdäpfelkruste

(4 Portionen)

1. Erdäpfel schälen und grob raffeln.
2. Zwiebeln schälen, fein hacken und mit Majoran, Knoblauch und Erdäpfeln vermengen.
3. Blutwurst schälen und in etwa $\frac{1}{2}$ cm breite Scheiben schneiden.
4. In Mehl, verquirltem Ei und den Erdäpfeln wenden und in Öl beidseitig knusprig ausbacken; salzen und pfeffern.
5. Auf Küchenkrepp abtropfen lassen und mit Weinkraut anrichten.
6. Weinkraut: Zwiebel schälen, fein hacken und in THEA anrösten. Sauerkraut dazugeben, mit Wein ablöschen, mit Rindsuppe aufgießen, mit Knoblauch, Salz und Pfeffer würzen und ca. 30 Minuten weich dünsten.

80 dag Erdäpfel
2 Zwiebeln
40 dag Blutwurst
Majoran
4 Knoblauchzehen, zerdrückt
Salz
Pfeffer
Mehl zum Wenden
3 Eier
BONA-Öl zum Ausbacken

Weinkraut:
1 Zwiebel
5 dag THEA
40 dag Sauerkraut
$\frac{1}{4}$ l Weißwein
$\frac{1}{4}$ l Rindsuppe (Würfelsuppe)
2 Knoblauchzehen, zerdrückt
Salz
Pfeffer

Rindsrouladen mit Erdäpfel-Speck-Fülle

(4 Portionen)

4 Rindsschnitzel (à ca. 18 dag)
4 Kaffeelöffel Estragonsenf
Salz
Pfeffer
20 dag mehlige Erdäpfel
8 dag Selchspeck
1 Zwiebel
5 dag THEA
1 Zwiebel
10 dag mehlige Erdäpfel
$^1/_2$ l Rindsuppe (Würfelsuppe)
1 Lorbeerblatt
Salz

1. Rindsschnitzel klopfen, mit Senf bestreichen und mit Salz und Pfeffer würzen.
2. Erdäpfel schälen und in dickere Stifte schneiden.
3. Speck in Streifen schneiden, Zwiebel schälen und in Ringe schneiden.
4. Schnitzel mit den Zutaten belegen, Seitenlängen einschlagen, einrollen und mit Spagat umwickeln.
5. Rouladen in heißer THEA rundherum anbraten.
6. Zwiebel schälen und grob hacken.
7. Erdäpfel schälen und vierteln.
8. Rouladen aus der Pfanne nehmen. Zwiebel und Erdäpfel darin anrösten, mit Rindsuppe aufgießen, Rouladen und Lorbeerblatt zugeben, zugedeckt ca. 45 Minuten dünsten.
9. Rouladen aus der Sauce nehmen, Spagat entfernen. Sauce pürieren, salzen, Rouladen wieder zugeben und 5 Minuten darin ziehen lassen.

Erdäpfelgulasch

(4 Portionen)

80 dag mehlige Erdäpfel
2 Zwiebeln
4 dag THEA
2 Eßlöffel edelsüßer Paprika
$^3/_4$ l Rindsuppe (Würfelsuppe)
Kümmel
Majoran
2 Knoblauchzehen, zerdrückt
30 dag dürre Wurst
Salz
Pfeffer

1. Erdäpfel schälen und großwürfelig schneiden.
2. Zwiebeln schälen, kleinwürfelig schneiden, in THEA anrösten, Paprikapulver dazugeben und sofort mit der Rindsuppe aufgießen.
3. Erdäpfel dazugeben, mit Kümmel, Majoran und Knoblauch würzen; bei mittlerer Hitze 20 Minuten kochen lassen.
4. Wurst schälen, großwürfelig schneiden und zugeben; mit Salz und Pfeffer abschmecken und Gulasch einige Minuten weiterkochen lassen.

Beiriedschnitten mit Erdäpfel-Mozzarella-Kruste

(4 Portionen)

1. Erdäpfel schälen, der Länge nach in dünne Scheiben schneiden und mit dem Rosmarinzweig in THEA knusprig braten, salzen und aus der Pfanne nehmen.
2. THEA zum Bratrückstand geben. Fleisch salzen und pfeffern und darin je 2 Minuten auf jeder Seite braten.
3. Erdäpfelscheiben dachziegelartig auf das Fleisch legen; etwas salzen und pfeffern.
4. Mozzarella in Scheiben schneiden, darüberlegen und im Backrohr bei starker Oberhitze ca. 5 Minuten überbacken.

4 große Erdäpfel (etwa 40 dag)
5 dag THEA
1 Zweig Rosmarin
2 dag THEA
4 Scheiben Beiried
(à ca. 18 dag)
Salz
Pfeffer
30 dag Mozzarella

Gespickte Putenbrust mit Erdäpfeln und Maroni

(4 Portionen)

1 kg Putenbrust im Ganzen
2 Karotten (ca. 20 dag)
15 dag Sellerie
8 dag Hamburgerspeck
Salz
Pfeffer
4 dag THEA
1 Zweig Thymian
1 Zweig Rosmarin
1 Apfel (ca. 15 dag)
80 dag festkochende Erdäpfel, gründlich gewaschen
$^1/_4$ l Rindsuppe (Würfelsuppe)
30 dag Maroni
$^1/_8$ l trockener Weißwein
Salz
Pfeffer

1. Karotten und Sellerie putzen und samt dem Speck in längliche Stifte schneiden.
2. Putenbrust mit der Hälfte des Gemüses und den Speckstreifen spicken; salzen und pfeffern.
3. Restliches Gemüse und Speck in THEA anrösten, Fleisch darauflegen; Thymian, Rosmarin, halbierten Apfel und Erdäpfel samt Schale dazugeben.
4. Im Backrohr bei 180 Grad ca. 30 Minuten braten und mit Rindsuppe aufgießen.
5. Maroni ca. 5 Minuten kochen, abseihen, schälen und ebenfalls dazugeben, weitere 20 Minuten braten.
6. Putenbrust, Maroni und Erdäpfel aus der Pfanne nehmen und warm stellen.
7. Bratrückstand mit Wein aufgießen. Sauce pürieren, einmal aufkochen und würzen.
8. Putenbrust in Scheiben schneiden und mit Sauce, Erdäpfeln und Maroni anrichten.

Erdäpfel-Fleischlaibchen

(4 Portionen)

30 dag festkochende Erdäpfel
30 dag gemischtes Faschiertes
1 Ei
1 Bund Petersilie, gehackt
1 Kaffeelöffel Majoran
1 Kaffeelöffel edesüßes Paprikapulver
2 Knoblauchzehen, zerdrückt
1 Suppenwürfel
Salz
Pfeffer
Mehl zum Wenden
BONA-Öl zum Braten

1. Erdäpfel kochen, schälen und erkalten lassen.
2. Faschiertes mit Ei, Petersilie, Majoran, Paprikapulver, Knoblauch und zerbröseltem Suppenwürfel vermengen.
3. Erdäpfel in dünne Scheiben schneiden, untermengen und mit Salz und Pfeffer kräftig würzen.
4. Aus der Masse Laibchen formen, in Mehl wenden und in Öl bei geringer Hitze beidseitig braten.

Anmerkung

Man kann auch grobgeriebenen Emmentaler unter die Masse mengen.

Schnitzel in Käsesauce mit Paradeisreis

(4 Portionen)

Paradeisreis:
1 Fleischparadeiser (ca. 20 dag)
1 Zwiebel
2 dag THEA
4 Eßlöffel Ketchup
Salz, Pfeffer
20 dag Langkornreis
2 dag THEA
ca. 3/4 l Rindsuppe (Würfelsuppe)
4 Schweinsschnitzel
Salz, Pfeffer
Mehl zum Wenden
4 dag THEA
1/4 l Rindsuppe (Würfelsuppe)
5 dag Blauschimmelkäse
Salz, Pfeffer
Petersilie zum Bestreuen

1. Paradeisreis: Paradeiser kreuzweise einschneiden, blanchieren, schälen, entkernen und kleinwürfelig schneiden.
2. Zwiebel schälen, fein hacken und in THEA anrösten. Ketchup und Paradeiswürfel zugeben und kurz dünsten; salzen und pfeffern.
3. Reis in zerlassener THEA anrösten, mit Rindsuppe aufgießen, etwa 20 Minuten dünsten und mit der Paradeissauce vermengen.
4. Schnitzel klopfen, salzen, pfeffern, auf einer Seite in Mehl wenden und in Fett beidseitig anbraten. Mit Rindsuppe aufgießen. Käse mit einer Gabel zerdrücken, zufügen, schmelzen und gut verrühren.
5. Bei geringer Hitze etwa 10 Minuten dünsten; salzen und pfeffern.
6. Schnitzel mit Sauce und Reis anrichten und mit Petersilie bestreuen.

Paprika-Leber-Pfandl mit Chilireis

(4 Portionen)

1 Zwiebel
4 dag THEA
40 dag Putenleber
Salbei, gemahlen
Pfeffer
1 große grüne Paprikaschote
2 Eßlöffel Paradeismark
1/4 l Rindsuppe (Würfelsuppe)
1/2 Becher Crème fraîche
Salz
Chilireis:
1 Zwiebel
2 Chilischoten
3 Eßlöffel BONA-Öl
20 dag Langkornreis
3/8 l Rindsuppe (Würfelsuppe)
Salz

1. Zwiebel schälen, in Streifen schneiden und in THEA anrösten.
2. Leber in größere Stücke schneiden und mitrösten.
3. Paprikaschote waschen, entkernen, in Streifen schneiden und ebenfalls unter ständigem Wenden mitrösten.
4. Mit Salbei und Pfeffer würzen, Paradeismark zufügen und mit Rindsuppe aufgießen; bei geringer Hitze 10 bis 12 Minuten kochen lassen.
5. Crème fraîche unterrühren, salzen und mit Chilireis anrichten.
6. Chilireis: Zwiebel schälen, Chilischoten halbieren, entkernen und beides in Öl anrösten. Reis dazugeben, kurz mitrösten, mit Rindsuppe aufgießen, salzen und weich dünsten.

Fleischknöderln in Kräuter-Obers-Sauce

(4 Portionen)

1. Reis in zerlassener THEA anrösten, mit Rindsuppe aufgießen, salzen und bei geringer Hitze zugedeckt ca. 20 Minuten kochen lassen; auskühlen lassen.
2. Faschiertes mit Ei und Reis vermengen, mit Salz, Pfeffer und Muskat kräftig würzen und aus der Masse Knöderln formen.
3. Sauce: THEA zerlaufen lassen, Mehl darin anrösten, unter ständigem Rühren mit Rindsuppe aufgießen.
4. Obers unterrühren und Fleischknöderln zufügen, bei mittlerer Hitze 10 Minuten kochen lassen.
5. Mit Zitronensaft, Salz und Pfeffer abschmecken und die Kräuter untermengen.

6 dag Rundkornreis
3 dag THEA
1/4 l Rindsuppe (Würfelsuppe)
Salz
40 dag faschiertes Kalbfleisch
1 Ei
Salz, Pfeffer, Muskat
Sauce:
5 dag THEA
4 dag glattes Mehl
3/8 l Rindsuppe (Würfelsuppe)
1/8 l Obers
einige Tropfen Zitronensaft
Salz, Pfeffer
5 Eßlöffel gehackte Kräuter (Petersilie, Schnittlauch, Kerbel und Estragon)

Lammkoteletts mit orientalischem Reis

(4 Portionen)

1. Karotte und Knoblauch schälen, blättrig schneiden und in THEA anrösten.
2. Reis zugeben, kurz mitrösten und mit heißer Rindsuppe aufgießen.
3. Rosinen, Pinienkerne, Cayennepfeffer und Zimt sowie Gewürznelken einrühren, salzen und zugedeckt bei mittlerer Hitze ca. 20 Minuten dünsten.
4. Geputzte Lammkoteletts beidseitig mit Salz und Pfeffer würzen und in Öl beidseitig abbraten.
5. Koteletts mit Reis und Joghurtsauce anrichten.
6. Joghurtsauce: Joghurt mit Zitronenschale und Minze vermengen; salzen und pfeffern.

1 Karotte (ca. 12 dag)
3 Knoblauchzehen
3 dag THEA
20 dag Basmati-Reis
3/8 l Rindsuppe (Würfelsuppe)
2 Eßlöffel Rosinen
2 Eßlöffel Pinienkerne
Prise Cayennepfeffer
Prise Zimt
2 Gewürznelken
Salz
12 einfache Lammkoteletts
Salz, Pfeffer
BONA-Öl zum Braten
Joghurtsauce:
1/4 l Joghurt
Schale von 1/2 Zitrone, abgerieben
1 Kaffeelöffel Minze, gehackt
Salz, Pfeffer

Kohlrouladen

(4 Portionen)

4 große Kohlblätter (ca. 20 dag)
Salz
20 dag gemischtes Faschiertes
5 dag Langkornreis
Majoran
1 Kaffeelöffel Estragonsenf
2 Knoblauchzehen, zerdrückt
etwa $^{1}/_{16}$ l Wasser
Salz, Pfeffer
8 Scheiben Hamburgerspeck (ca. 16 dag)
THEA für die Form
Sauce:
$^{1}/_{4}$ l Sauerrahm
1 Knoblauchzehe, zerdrückt
1 Kaffeelöffel edelsüßes Paprikapulver
Salz, Pfeffer

1. Kohlblätter in Salzwasser 2 bis 3 Minuten blanchieren, abseihen und auf Küchenkrepp gut abtropfen lassen.
2. Faschiertes mit Reis, Majoran, Senf, Knoblauch und Wasser vermengen und mit Salz und Pfeffer würzen.
3. Masse auf die Kohlblätter streichen, Seitenlängen einschlagen und einrollen.
4. Rouladen mit Speckscheiben fest umwickeln.
5. Rouladen in eine befettete Form legen und zugedeckt im Backrohr bei 180 Grad ca. 30 Minuten schmoren.
6. Sauce: Rahm mit Knoblauch und Paprikapulver vermengen, salzen und pfeffern.
7. Rouladen mit der Rahmsauce anrichten.

Putenspieße mit Curryreis

(4 Portionen)

20 dag Basmati-Reis
5 dag THEA
1 Eßlöffel Curry
$^{1}/_{2}$ l Rindsuppe (Würfelsuppe)
Salz
$^{1}/_{16}$ l Obers
40 dag Truthahnbrust
Salz
Pfeffer
2 Bananen (à 15 dag)
1 großer Apfel (ca. 20 dag)
BONA-Öl zum Braten

1. Reis in zerlassener THEA anrösten, Curry zufügen, gut verrühren und mit Rindsuppe aufgießen; salzen.
2. Reis bei mittlerer Hitze ca. 20 Minuten dünsten, Obers zugeben, von der Hitze nehmen und zugedeckt 5 Minuten rasten lassen.
3. Fleisch in Würfel schneiden, salzen und pfeffern.
4. Bananen schälen, in 2 cm große Stücke schneiden.
5. Apfel schälen, entkernen und in Spalten schneiden.
6. Alle Zutaten abwechselnd auf Spieße stecken und bei mittlerer Hitze in Öl rundherum braten.
7. Spieße mit Reis anrichten.

Anmerkung

Die Früchte können nach Belieben ausgetauscht werden, z. B. durch Mango- oder Ananasstücke.

Gebratener Reis mit Fleischstreifen

(4 Portionen)

1. Fleisch in dünne Streifen schneiden, mit Salz und Pfeffer würzen, mit Honig, Sojasauce, Knoblauch und Öl vermengen und ca. 1 Stunde marinieren.
2. Reis in zerlassener THEA kurz anrösten, mit Rindsuppe aufgießen, salzen, zugedeckt bei mittlerer Hitze etwa 15 Minuten dünsten und vollständig auskühlen lassen.
3. Zwiebel schälen und in feine Ringe schneiden.
4. Karotte putzen und in dünne Streifen schneiden.
5. Fleisch in 4 Eßlöffel heißem Öl braten, aus der Pfanne nehmen und warm stellen.
6. Restliches Öl zum Bratrückstand geben, Zwiebel und Karotte darin anrösten, kalten Reis zufügen und unter ständigem Wenden heiß werden lassen.
7. Fleisch untermengen, mit Salz und Pfeffer würzen.

2 Rumpsteaks (à ca. 25 dag)
Salz
Pfeffer
1 Kaffeelöffel Honig
2 Eßlöffel Sojasauce
4 Knoblauchzehen, zerdrückt
2 Eßlöffel BONA-Öl
10 dag Basmati-Reis
3 dag THEA
1/4 l Rindsuppe (Würfelsuppe)
Salz
1 Zwiebel
1 Karotte (ca. 12 dag)
6 Eßlöffel BONA-Öl
Salz
Pfeffer

Nasi Goreng

(4 Portionen)

1. BONA-Öl und Salzwasser aufkochen, Reis dazugeben, bei mittlerer Hitze etwa 20 Minuten kochen; auskühlen lassen.
2. Fleisch in feine Streifen schneiden, salzen und in heißer THEA rundherum abbraten; warm stellen.
3. Zwiebeln schälen, fein hacken und mit Knoblauch im Bratrückstand anrösten.
4. Reis dazugeben und unter ständigem Wenden braten, bis er gleichmäßig braun ist.
5. Fleisch unterheben und mit Sojasauce, Tabascosauce, Salz und Pfeffer kräftig würzen.
6. Salatblätter waschen, in breite Streifen schneiden, auf Teller geben und Nasi Goreng darauf anrichten.

3 Eßlöffel BONA-Öl
Salz
3/4 l Wasser
20 dag Langkornreis
4 Schweinsschnitzel
(à ca. 12 dag)
4 dag THEA
3 Zwiebeln
4 Eßlöffel Sojasauce
1 Kaffeelöffel Tabascosauce
Salz
Pfeffer
1/2 Kopf Eisbergsalat

Böhmisches Kraut

(4 Portionen)

2 Zwiebeln
5 dag THEA
40 dag gemischtes Faschiertes
1 Eßlöffel edelsüßes Paprikapulver
1 Eßlöffel Kümmel, ganz
1 Eßlöffel Majoran
1 Knoblauchzehe, zerdrückt
Salz, Pfeffer
THEA für die Form
40 dag Sauerkraut
20 dag Langkornreis
$^3/_4$ l Rindsuppe (Würfelsuppe)
2 Lorbeerblätter
$^1/_4$ l Sauerrahm
Salz, Pfeffer

1. Zwiebeln schälen, kleinwürfelig schneiden und in THEA anrösten; Faschiertes zufügen und unter ständigem Wenden mitrösten.
2. Paprikapulver, Kümmel, Majoran und Knoblauch zufügen und mit Salz und Pfeffer würzen.
3. Eine Kasserolle mit reichlich THEA ausstreichen, Sauerkraut, Faschiertes und rohen Reis abwechselnd einfüllen.
4. Mit Rindsuppe übergießen, Lorbeerblätter darauflegen und zugedeckt bei 160 Grad rund $1^1/_2$ Stunden schmoren.
5. Sauerrahm mit etwas Salz und Pfeffer vermengen; über das Kraut verteilen und noch 30 Minuten weiterschmoren lassen.

Gefüllte Paprika in Paradeissauce

(4 Portionen)

Paradeissauce:
50 dag Fleischparadeiser
5 dag THEA
2 Eßlöffel Paradeismark
1 Eßlöffel glattes Mehl
$^1/_2$ l Rindsuppe (Würfelsuppe)
1 Lorbeerblatt
5 Pfefferkörner
2 Gewürznelken
Salz, Pfeffer
Kristallzucker

Gefüllte Paprika:
8 kleinere Paprikaschoten
50 dag gemischtes Faschiertes
8 dag Langkornreis
Majoran
2 Knoblauchzehen, zerdrückt
4 Eßlöffel BONA-Öl
1 Bund Petersilie, gehackt
Salz, Pfeffer

1. Paradeissauce: Paradeiser waschen, in Spalten schneiden und in zerlassener THEA anschwitzen.
2. Paradeismark und Mehl mit einem Schneebesen unterrühren, mit Rindsuppe aufgießen und Gewürze dazugeben.
3. Sauce ca. 30 Minuten dünsten, passieren und mit Salz, Pfeffer und etwas Zucker abschmecken.
4. Gefüllte Paprika: Paprika rund um den Strunk einschneiden und Strunk herausziehen; Paprika waschen.
5. Faschiertes mit rohem Reis, Majoran, Knoblauch, Öl und Petersilie vermengen und mit Salz und Pfeffer kräftig würzen.
6. Paprikaschoten damit füllen, Stiel verkehrt als Verschluß in die Öffnung stecken.
7. Paprika in die Paradeissauce stellen und zugedeckt bei geringer Hitze 40 Minuten dünsten.

Kalbsmedaillons in Mandelkruste mit Linsenreis

(4 Portionen)

1. THEA zerlassen, Reis darin anlaufen lassen, mit Rindsuppe aufgießen, salzen und bei geringer Hitze etwa 10 Minuten dünsten.
2. Linsen zufügen und weitere 10 Minuten kochen; von der Hitze nehmen, Kräuter untermengen.
3. Filets in 1 cm dicke Scheiben schneiden, etwas klopfen, salzen und pfeffern, in Mehl, verquirlten Eiern und Mandelblättchen wenden.
4. In Öl auf beiden Seiten goldbraun anbraten und im vorgeheizten Rohr bei 200 Grad ca. 8 Minuten fertigbraten.
5. Kalbsmedaillons mit Linsenreis anrichten.

5 dag THEA
18 dag Langkornreis
$^{3}/_{8}$ l Rindsuppe (Würfelsuppe)
Salz
10 dag rote Linsen
1 Eßlöffel Petersilie, gehackt
1 Kaffeelöffel Thymian, gehackt
1 Eßlöffel Koriander, gehackt
40 dag Kalbsfilets
Salz
Pfeffer
Mehl zum Panieren
4 Eier
25 dag Mandelblättchen
BONA-Öl zum Braten

Geschnetzeltes Kalbfleisch mit Weinreis

(4 Portionen)

Weinreis:
5 dag Lauch
6 dag THEA
20 dag Langkornreis
$^{1}/_{8}$ l Weißwein
$^{3}/_{8}$ l Rindsuppe (Würfelsuppe)
Salz

Geschnetzeltes:
1 Zwiebel
4 dag THEA
50 dag Kalbsschnitzel
25 dag Champignons
$^{3}/_{8}$ l Rindsuppe (Würfelsuppe)
$^{1}/_{8}$ l Kaffeeobers
1 Kaffeelöffel Stärkemehl
Salz
Pfeffer

1. Weinreis: Lauch putzen, in dünne Streifen schneiden und in zerlassener THEA anrösten.
2. Reis zufügen, kurz mitrösten und mit Wein und Rindsuppe aufgießen, salzen; bei mittlerer Hitze 20 Minuten dünsten.
3. Zwiebel schälen, fein hacken und in THEA anrösten.
4. Schnitzel in 1 cm breite Streifen schneiden.
5. Champignons waschen, putzen, feinblättrig schneiden, samt Fleisch zur Zwiebel geben, ebenfalls mitbraten.
6. Mit Rindsuppe aufgießen und bei mittlerer Hitze 20 Minuten dünsten.
7. Obers mit Stärkemehl glattrühren, zum Fleisch geben, gut verrühren und einmal aufkochen lassen. Mit Salz und Pfeffer würzen.
8. Geschnetzeltes mit Reis anrichten.

Curry-Reisfleisch

(4 Portionen)

1 Zwiebel
4 dag THEA
50 dag Hühnerbrust, ausgelöst
2 Eßlöffel Curry
$^{3}/_{4}$ l Rindsuppe (Würfelsuppe)
20 dag Langkornreis
Salz
12 dag IGLO-Erbsen
rosa Pfeffer zum Bestreuen

1. Zwiebel schälen, kleinwürfelig schneiden und in THEA anrösten.
2. Hühnerbrust in Würfel schneiden, mitrösten, Curry zufügen und sofort mit Rindsuppe aufgießen.
3. Reis einrühren, salzen und bei geringer Hitze etwa 20 Minuten dünsten.
4. Erbsen unterheben und weitere 10 Minuten dünsten lassen.
5. Reisfleisch anrichten und mit rosa Pfeffer bestreuen.

Anmerkung

Kurz vor dem Anrichten können kleinwürfelig geschnittene Ananasscheiben dazugegeben werden.

Jambalaya

(4 Portionen)

1. Lauch waschen, putzen und in Ringe schneiden.
2. Paprikaschote waschen, putzen und in dünne Streifen schneiden.
3. Gemüse in THEA anrösten, Reis dazugeben, kurz miträsten und mit Rindsuppe aufgießen.
4. Mit Thymian, etwas Ingwer, Chilipulver, Salz und Pfeffer kräftig würzen und zugedeckt etwa 20 Minuten dünsten.
5. Fleisch und Schinken in dünne Streifen schneiden und mit Knoblauch in THEA rundherum abbraten.
6. Paradeiser waschen, halbieren, entkernen, in Streifen schneiden und mit gebratenem Fleisch unter den Reis mengen.
7. Jambalaya anrichten und mit feingeschnittenem Schnittlauch bestreuen.

15 dag Lauch
1 grüne Paprikaschote (ca. 15 dag)
4 dag THEA
10 dag Langkornreis
$^3/_8$ l Rindsuppe (Würfelsuppe)
1 Kaffeelöffel Thymian
Ingwerpulver
Chilipulver
Salz
Pfeffer
30 dag Putenbrust
10 dag Preßschinken
3 Knoblauchzehen, in Blättchen geschnitten
4 dag THEA
1 Fleischparadeiser (ca. 20 dag)
1 Bund Schnittlauch

Gebratenes Huhn mit Leber-Reis-Fülle

(4 Portionen)

1. Wasser mit Öl und Salz aufkochen, Reis dazugeben und weich dünsten; auskühlen lassen.
2. Zwiebel schälen, kleinwürfelig schneiden und in THEA anrösten.
3. Hühnerleber großwürfelig schneiden; zur Zwiebel geben und kurz miträsten.
4. Reis einrühren und mit Salbei, Majoran und Knoblauch würzen.
5. Dotter unterrühren, Petersilie und aufgetaute Erbsen beifügen und mit Salz und Pfeffer abschmecken.
6. Huhn waschen, trockentupfen und innen und außen salzen; füllen und mit Zahnstochern oder Rouladennadeln verschließen.
7. Huhn in eine Bratwanne legen, mit Wasser aufgießen und bei 200 Grad ca. 45 Minuten braten; öfters mit Bratensaft übergießen.

Fülle:
10 dag Langkornreis
$^3/_4$ l Wasser
3 Eßlöffel BONA-Öl
Salz
1 Zwiebel
3 dag THEA
20 dag Hühnerleber
Salbei, Majoran
2 Knoblauchzehen, zerdrückt
1 Dotter
1 Bund Petersilie, gehackt
10 dag IGLO-Erbsen
Salz, Pfeffer
1 bratfertiges Huhn (ca. 1,20 kg)
Salz
$^1/_8$ l Wasser

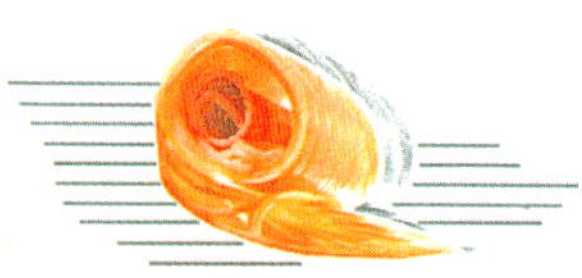

Gefüllte Melanzani

(4 Portionen)

2 kleinere Melanzani (à ca. 30 dag)
1 Zwiebel
5 Eßlöffel BONA-Öl
35 dag faschiertes Rindfleisch
2 Eßlöffel Paradeismark
8 dag Langkornreis
$^{1}/_{2}$ l Rindsuppe (Würfelsuppe)
Basilikum
Oregano
Salz
Pfeffer
10 dag Champignons
3 dag THEA
6 Eßlöffel BONA-Öl
THEA für die Form
15 dag Gouda, geraffelt

1. Melanzani waschen, halbieren und mit einem Kaffeelöffel aushöhlen; Fruchtfleisch grob hacken.
2. Zwiebel schälen, fein hacken und in Öl anrösten.
3. Faschiertes und Melanzanifruchtfleisch dazugeben und mit $^{1}/_{4}$ l Rindsuppe aufgießen.
4. Paradeismark und Reis einrühren; gut vermengen und mit restlicher Rindsuppe aufgießen.
5. Mit Basilikum, Oregano, Salz und Pfeffer kräftig würzen; bei geringer Hitze etwa 20 Minuten dünsten.
6. Champignons waschen, putzen, feinblättrig schneiden und in zerlassener THEA anrösten; unter die Reismasse heben.
7. Melanzanihälften in Öl beidseitig anbraten und füllen.
8. In eine befettete Form geben, mit Käse bestreuen und im Backrohr bei 200 Grad 30 Minuten überbacken.

Hühnerfilet „Thailänder Art“ mit Mangoreis

(4 Portionen)

5 dag THEA
20 dag Basmati-Thai-Reis
$^{1}/_{2}$ l Rindsuppe (Würfelsuppe)
Salz
1 Mango (ca. 25 dag)
4 Hühnerfilets (à ca. 15 dag)
Salz
Pfeffer
4 dag THEA
10 dag Bambussprossen aus der Dose
$^{1}/_{4}$ l Rindsuppe (Würfelsuppe)
3 Eßlöffel Ketchup
1 Kaffeelöffel Sambal Oelek
1 Kaffeelöffel Sojasauce
1 Kaffeelöffel Kurkuma
Honig
Salz
Pfeffer

1. THEA zerlassen, Reis darin kurz anlaufen lassen, mit Rindsuppe aufgießen, salzen und zugedeckt bei geringer Hitze ca. 15 Minuten dünsten.
2. Mango schälen, vom Kern befreien, kleinwürfelig schneiden, zum Reis geben, salzen, gut vermengen und 5 Minuten mitdünsten.
3. Hühnerfilets salzen, pfeffern und in THEA beidseitig braten; warm stellen.
4. Abgeseihte Bambussprossen im Bratrückstand anrösten und mit Rindsuppe aufgießen.
5. Ketchup, Sambal Oelek, Sojasauce und Kurkuma zugeben, Sauce etwa 5 Minuten kochen lassen und mit Honig, Salz und Pfeffer abschmecken.
6. Hühnerfilets in Scheiben schneiden, mit Sauce und Reis anrichten.

Hinweis

Statt Kurkuma kann auch Curry verwendet werden.

Hühnerrouladen mit Reis-Gemüse-Fülle

(4 Portionen)

1. Wasser mit Salz und Öl aufkochen, Reis dazugeben und weich dünsten; auskühlen lassen.
2. Karotten putzen, Zucchini waschen, kleinwürfelig schneiden und beides in zerlassener THEA anrösten, salzen und im eigenen Saft weich dünsten.
3. Reis mit dem Gemüse vermengen.
4. Paradeiser fein hacken, mit Frischkäse und Dotter unter die Reismischung mengen, würzen.
5. Hühnerfilets einschneiden, aufklappen, vorsichtig klopfen, würzen, mit der Reismasse bestreichen, eng einrollen und mit Speckscheiben umwickeln.
6. Rouladen in Öl rundherum anbraten und im vorgeheizten Rohr bei 200 Grad ca. 15 Minuten weiterbraten.
7. Bratrückstand mit Rindsuppe aufgießen, zur Hälfte einkochen lassen. Crème fraîche zufügen und mit Salz und Pfeffer abschmecken. Rouladen in Scheiben schneiden und mit der Sauce anrichten.

5 dag Langkornreis
$^1/_4$ l Wasser
2 Eßlöffel BONA-Öl
8 dag Karotten
8 dag Zucchini
3 dag THEA
Salz
2 dag getrocknete Paradeiser, in Öl eingelegt
10 dag Frischrahmkäse, dünn aufgeschnitten
1 Dotter
1 Kaffeelöffel Thymian
Salz, Pfeffer
4 Hühnerfilets (à ca. 15 dag)
Salz, Pfeffer
10 dag Schinkenspeck
3 Eßlöffel BONA-Öl
$^1/_4$ l Rindsuppe (Würfelsuppe)
$^1/_2$ Becher Crème fraîche

Gefüllte Kalbsbrust

(4–6 Portionen)

Fülle:
20 dag Rundkornreis
4 dag THEA
3/4 l Rindsuppe (Würfelsuppe)
Salz
1 Zwiebel
3 dag THEA
8 dag Selchspeck
1 Karotte
50 dag Champignons
10 dag THEA
4 Dotter
1 Bund Petersilie, gehackt
Salz
Pfeffer
Muskat
2 kg Kalbsbrust, ausgelöst und untergriffen
Salz
1/2 kg Kalbsknochen
3 Eßlöffel BONA-Öl

1. Fülle: THEA zerlassen, Reis darin kurz anlaufen lassen, mit Rindsuppe aufgießen; salzen und bei geringer Hitze weich dünsten; auskühlen lassen.
2. Zwiebel schälen, fein hacken und in THEA anrösten, Speck kleinwürfelig schneiden, Karotte raffeln, beides zur Zwiebel geben und mitrösten.
3. Champignons putzen, waschen, dünnblättrig schneiden, ebenfalls dazugeben und kurz mitrösten; dann so lange dünsten, bis die Flüssigkeit zur Gänze verkocht ist; überkühlen lassen.
4. THEA mit Dottern flaumig rühren, Reis und Champignonröstung daruntermengen. Petersilie einrühren und mit Salz, Pfeffer und Muskat würzen.
5. Kalbsbrust innen und außen salzen, füllen und mit Küchengarn zunähen.
6. BONA-Öl in einer Bratwanne erhitzen, Knochen darin anrösten. Kalbsbrust darauflegen, im Rohr bei 200 Grad etwa 2 Stunden braten. Während des Bratens öfters Wasser angießen, mit Bratensaft übergießen.
7. Brust aus der Bratwanne nehmen und zugedeckt 10 Minuten rasten lassen. Brust in Scheiben schneiden und mit Bratensaft anrichten.

Reisfleisch

(4 Portionen)

2 Zwiebeln
4 dag THEA
50 dag Schweinsschulter
2 Eßlöffel edelsüßes Paprikapulver
1 Kaffeelöffel scharfes Paprikapulver
3/4 l Rindsuppe
Kümmel
Majoran
2 Knoblauchzehen, zerdrückt
18 dag Langkornreis
Salz
Parmesan zum Bestreuen

1. Zwiebeln schälen, kleinwürfelig schneiden und in THEA anrösten.
2. Fleisch in Würfel schneiden, kurz mitrösten, mit Paprikapulver bestreuen und mit Rindsuppe aufgießen.
3. Kümmel, Majoran und Knoblauch dazugeben und 30 Minuten zugedeckt kochen lassen.
4. Reis untermengen, salzen und Reisfleisch bei mittlerer Hitze weitere 20 Minuten dünsten.
5. Reisfleisch anrichten und mit Parmesan bestreuen.

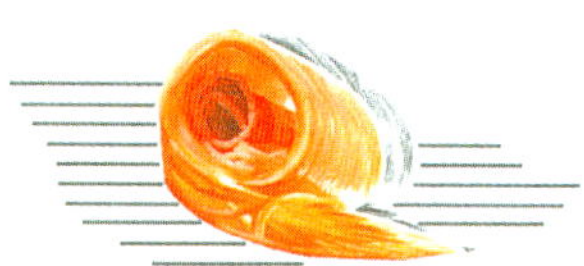

Nudelrollen mit Mortadella

(4 Portionen)

Wasser mit Öl und etwas Salz zum Kochen bringen, Lasagneblätter einzeln einlegen, bißfest kochen, abseihen und mit Küchenpapier trocknen.
2. Sauce: Zwiebel schälen, fein hacken und in THEA anrösten.
3. Champignons waschen, putzen, feinblättrig schneiden und mitrösten.
4. Paradeiser samt Saft zugeben, mit Salz, Pfeffer und Knoblauch würzen; einige Zeit kochen lassen und Petersilie einrühren.
5. Jedes Lasagneblatt mit einer Scheibe Mortadella und mit 2 oder 3 in dünne Scheiben geschnittenem Mozzarella belegen und eng einrollen.
6. Die Rollen in eine befettete Form legen, mit Sauce übergießen und im Rohr bei 200 Grad ca. 20 Minuten backen.

12 Lasagneblätter
Salz
1 Eßlöffel BONA-Öl

Sauce:
1 Zwiebel
3 dag THEA
25 dag Champignons
1 Dose geschälte Paradeiser (42 dag Füllgewicht)
Salz
Pfeffer
2 Knoblauchzehen, zerdrückt
1/2 Bund Petersilie, gehackt
12 Scheiben Mortadella (ca. 25 dag)
30 dag Mozzarella
THEA für die Form

Sauerkrautravioli mit Speck

(4 Portionen)

1. Teig: Mehl, Dotter, Öl und etwas Salz zu einem glatten Teig verkneten, in Folie wickeln und 1 Stunde rasten lassen.
2. Fülle: Zwiebel schälen, fein hacken, in THEA anrösten, Speck kleinwürfelig schneiden und mitrösten.
3. Sauerkraut hacken, zugeben, mit Suppe aufgießen, würzen; ca. 15 Minuten bei mittlerer Hitze dünsten.
4. Teig auf einer bemehlten Arbeitsfläche dünn ausrollen und mit einem Ausstecher (5 cm Durchmesser) Scheiben ausstechen.
5. Teigscheiben mit jeweils einem Kaffeelöffel Fülle belegen, zusammenklappen und mit den Zinken einer Gabel zusammendrücken.
6. Ravioli in Salzwasser 4 Minuten kochen; abseihen, in zerlassener THEA schwenken, mit gerösteten Speckwürfeln bestreuen.

Teig:
20 dag glattes Mehl
4 Dotter
2 Eßlöffel BONA-Öl
Salz

Fülle:
1 Zwiebel
3 dag THEA
25 dag Speck
25 dag Sauerkraut
1/4 l Rindsuppe (Würfelsuppe)
2 Knoblauchzehen, zerdrückt
Kümmel
1 Lorbeerblatt
Salz, Pfeffer
Mehl zum Ausarbeiten
Salz
8 dag THEA
15 dag Speckwürfel

Kalbsschnitzel mit Kräuterkruste und Parmesanmascherln

(4 Portionen)

10 dag Schwarzbrot
1/10 l BONA-Öl
3 Eßlöffel Weißweinessig
2 Knoblauchzehen, zerdrückt
1/2 Kaffeelöffel Zitronenschale
1 Eßlöffel Thymian, gehackt
1 Kaffeelöffel Oregano
1/2 Bund Petersilie, gehackt
Salz
Pfeffer
THEA für die Form
12 dünne Kalbsschnitzel (à ca. 7 dag)
20 dag Teigmascherln
Salz
5 dag THEA
8 dag Parmesan, gerieben
Salz, Pfeffer

1. Schwarzbrot fein hacken oder mit einem Pürierstab zerkleinern.
2. Mit Öl, Essig, Knoblauch, Zitronenschale, Thymian, Oregano und Petersilie vermengen und mit Salz und Pfeffer würzen.
3. Die Hälfte der Masse in eine befettete Auflaufform geben, mit den Schnitzeln dachziegelartig belegen und mit der restlichen Masse abdecken; 10 Minuten rasten lassen.
4. Im vorgeheizten Backrohr bei 220 Grad ca. 18 Minuten überbacken.
5. Teigmascherln in reichlich Salzwasser bißfest kochen, abseihen.
6. THEA zerlassen, Parmesan und Mascherln dazugeben; salzen und pfeffern.

Speck-Lauch-Nockerln

(4 Portionen)

Teig:
40 dag glattes Mehl
3 Eier
2 Dotter
1/8 l Milch
3 Eßlöffel BONA-Öl
Salz

15 dag Lauch
5 dag THEA
12 dag Hamburgerspeck
Salz
Pfeffer
3/8 l Sauerrahm
10 dag Emmentaler, geraffelt

1. Mehl mit Eiern, Dottern, Milch, Öl und Salz zu einem glatten Teig verrühren.
2. Mit einem kleinen Kaffeelöffel Nockerln abstechen und in kochendes Salzwasser einlegen, 4 bis 5 Minuten kochen lassen und abseihen.
3. Lauch putzen, in dünne Streifen schneiden und in THEA anrösten.
4. Speck kleinwürfelig schneiden und mitrösten.
5. Nockerln untermengen, kurz mitbraten und mit Salz und Pfeffer würzen.
6. Rahm mit Käse verrühren, salzen, unter die Nockerln mengen, von der Hitze nehmen und so lange zugedeckt stehen lassen, bis der Käse geschmolzen ist.

Tip

Man kann das Gericht zusätzlich mit Knoblauch und verschiedenen Kräutern verfeinern.

Lasagne

(4–6 Portionen)

1. Teig: Mehl, Eier, Öl und Salz gut vermengen und zu einem glatten Teig verarbeiten, in Folie wickeln und 1 Stunde rasten lassen.
2. Sauce: Zwiebel schälen, hacken, in Öl anrösten.
3. Wurzelwerk kleinwürfelig schneiden und mitrösten.
4. Schinken kleinwürfelig schneiden, mit Faschiertem zugeben und unter ständigem Wenden mitrösten.
5. Paradeismark dazugeben, mit Rotwein und Suppe aufgießen, mit Basilikum, Oregano, Salz, Pfeffer würzen; bei geringer Hitze etwa 40 Minuten dünsten.
6. Bechamelsauce: THEA zerlaufen lassen, Mehl darin kurz anrösten, mit Milch aufgießen und unter ständigem Rühren 5 Minuten kochen lassen; mit Salz und Muskat würzen und Parmesan untermengen.
7. Teig auf einer bemehlten Arbeitsfläche 1 mm dick ausrollen und in größere Quadrate schneiden.
8. Auflaufform mit weicher THEA ausstreichen.
9. Formboden mit einer Schicht Teigblätter auslegen.
10. Darüber eine Schicht Fleischsauce und eine Schicht Bechamelsauce geben. Vorgang so lange wiederholen, bis alle Zutaten verbraucht sind; die letzte Schicht sollte Bechamelsauce sein; bei 180 Grad ca. 40 Minuten backen.

Teig:
20 dag glattes Mehl
2 Eier
2 Eßlöffel BONA-Öl
Salz

Fleischsauce:
1 Zwiebel
5 Eßlöffel BONA-Öl
1 Bund Wurzelwerk
10 dag Rohschinken
50 dag Faschiertes, gemischt
10 dag Paradeismark
$^{1}/_{4}$ l trockener Rotwein
$^{1}/_{2}$ l Rindsuppe
Basilikum, Oregano
Salz, Pfeffer

Bechamelsauce:
8 dag THEA
8 dag glattes Mehl
$^{3}/_{4}$ l Milch
Salz, Muskat
5 dag Parmesan, gerieben

Tagliatelle mit Sauce Bolognese

(4 Portionen)

1. Sauce: Karotte und Sellerie putzen und kleinwürfelig schneiden.
2. Zwiebel schälen und fein hacken.
3. Beides in THEA anrösten, Faschiertes dazugeben und unter ständigem Wenden kurz mitbraten.
4. Mit Wein ablöschen, mit Suppe aufgießen und Paradeiser samt Saft beigeben.
5. Mit Oregano, etwas Muskat, Salz und Pfeffer würzen und bei geringer Hitze ca. 40 Minuten dünsten.
6. Tagliatelle in Salzwasser bißfest kochen, abseihen, mit Sauce anrichten und mit Parmesan bestreuen.

1 kleine Karotte (etwa 6 dag)
6 dag Sellerie
1 Zwiebel
3 dag THEA
35 dag faschiertes Rindfleisch
$^{1}/_{8}$ l trockener Weißwein
$^{1}/_{2}$ l Rindsuppe (Würfelsuppe)
1 Dose geschälte Paradeiser
(42 dag Füllmenge)
Oregano, Muskat
Salz, Pfeffer
40 dag Tagliatelle
Parmesan, gehobelt

Bandnudeln mit Spargel-Schinken-Sauce

(4 Portionen)

30 dag grüner Spargel
Salz
Prise Zucker
1 Zwiebel
5 dag THEA
15 dag Rohschinken
$^{1}/_{4}$ l Schlagobers
Salz
20 dag Bandnudeln
Parmesan, gerieben, zum Bestreuen
Kerbel zum Garnieren

1. Das untere Ende der Spargelstangen schälen, Spargel in 2 cm lange Stücke schneiden und in leicht gezuckertem Salzwasser 10 Minuten bißfest kochen.
2. Zwiebel schälen, kleinwürfelig schneiden und in zerlassener THEA anrösten.
3. Schinken in feine Streifen schneiden und kurz mitrösten.
4. Obers, Spargel und $^{1}/_{8}$ l Spargelsud zugeben, salzen und die Sauce einige Minuten kochen lassen.
5. Bandnudeln in reichlich Salzwasser bißfest kochen, abseihen und mit der Sauce vermengen.
6. Nudeln anrichten, mit Parmesan bestreuen und mit Kerbelzweigen garnieren.

Gebratene Entenbrust mit Austernpilzen und Reisnudeln

(4 Portionen)

4 Entenbrüste (à ca. 18 dag)
Salz
Pfeffer
4 dag THEA
1 Bund Frühlingszwiebeln
3 dag THEA
35 dag Austernpilze
$^{1}/_{16}$ l trockener Sherry
$^{1}/_{4}$ l Rindsuppe (Würfelsuppe)
2 Eßlöffel Sojasauce
2 Knoblauchzehen, zerdrückt
Salz
Pfeffer
3 dag THEA
15 dag Reisnudeln
Salz

1. Entenbrüste salzen und pfeffern. Beidseitig etwa 2 Minuten in THEA anbraten und im Backrohr bei 200 Grad ca. 10 Minuten weiterbraten; anschließend zugedeckt 5 Minuten rasten lassen.
2. Frühlingszwiebeln putzen (dunkles Blattgrün entfernen), in dünne Ringe schneiden und in THEA anrösten.
3. Austernpilze putzen, in breite Streifen schneiden, zugeben und kurz mitrösten.
4. Mit Sherry ablöschen, mit Rindsuppe aufgießen und mit Sojasauce, Knoblauch, Salz und Pfeffer würzen.
5. Sauce ca. 8 Minuten kochen lassen.
6. Kalte THEA-Flocken mit Schneebesen unter die Sauce rühren.
7. Reisnudeln in Salzwasser ca. 1 Minute kochen, abseihen, gut abtropfen lassen und mit der Sauce vermengen.
8. Entenbrüste in Scheiben schneiden und mit Pilz-Nudel-Sauce anrichten.

Kalbsrouladen mit Käse-Obers-Nudeln

(4 Portionen)

1. Kalbsschnitzel dünn klopfen, salzen und pfeffern.
2. Mit je einer Scheibe Schinken und Käse belegen, mit Thymian bestreuen und einrollen.
3. Rouladen mit Spagat umwickeln, in THEA rundherum anbraten, mit Rindsuppe aufgießen und zugedeckt etwa 25 Minuten dünsten.
4. Nudeln in Salzwasser bißfest kochen und abseihen.
5. Mascarino und Frischrahmkäse bei geringer Hitze unter ständigem Rühren schmelzen und mit Salz und Pfeffer würzen.
6. Nudeln in die Sauce geben und gut vermengen.
7. Spagat von den Rouladen entfernen, Fleisch in Scheiben schneiden und mit Bratensaft und Nudeln anrichten.

4 Kalbsschnitzel
Salz
Pfeffer
4 Scheiben Preßschinken (ca. 8 dag)
4 Scheiben Emmentaler (ca. 8 dag)
Thymian
4 dag THEA
$^3/_8$ l Rindsuppe (Würfelsuppe)
25 dag grüne Bandnudeln
Salz
15 dag Mascarino
15 dag Frischrahmkäse
Salz
Pfeffer

Spaghetti-Omeletten

(4 Portionen)

1. Spaghetti in reichlich Salzwasser bißfest kochen; abseihen, gut abtropfen lassen und Spaghetti ein- bis zweimal durchschneiden.
2. Blattspinat gut abtropfen lassen und hacken.
3. Schinken und Mozzarella kleinwürfelig schneiden und mit Spinat und Spaghetti gut vermengen.
4. THEA in einer Pfanne schmelzen, ein Viertel der Spaghettimasse zugeben.
5. Eier mit Knoblauch und Parmesan verrühren und mit Salz und Pfeffer würzen.
6. Ein Viertel der Eimasse über die Spaghetti verteilen, Hitze reduzieren und Omelette beidseitig backen. Aus den restlichen Zutaten drei weitere Omeletten backen.

18 dag Spaghetti
Salz
15 dag IGLO-Blattspinat
18 dag Preßschinken
15 dag Mozzarella
THEA zum Backen
8 Eier
4 Knoblauchzehen, zerdrückt
5 Eßlöffel Parmesan, gerieben
Salz
Pfeffer

Tortellini mit Wurstfülle

(4 Portionen)

Teig:
40 dag glattes Mehl
4 Eier
3 Eßlöffel BONA-Öl
Salz

Fülle:
15 dag Preßschinken
15 dag Salami
1 Ei
15 dag Eckerlkäse
(z. B. Doppelrahmkäse)
Salz, Pfeffer
Mehl zum Ausarbeiten
1 Eiklar
Salz

Sauce:
2 Zwiebeln
3 dag THEA
2 Dosen geschälte Paradeiser
(à 42 dag Füllmenge)
Oregano
Thymian
Salz, Pfeffer

1. Teig: Aus Mehl, Eiern, Öl und Salz einen glatten Teig verkneten, in Folie gewickelt 2 Stunden rasten lassen.
2. Fülle: Schinken und Salami fein hacken und mit Ei und Käse vermengen. Mit Salz und Pfeffer würzen.
3. Teig auf einer bemehlten Arbeitsfläche messerrückendick ausrollen und mit einem runden Ausstecher (mit 5 cm Durchmesser) Scheiben ausstechen.
4. Teigränder mit Eiklar bestreichen.
5. Mit jeweils 1 Kaffeelöffel Fülle belegen.
6. Die Teigscheiben zusammenklappen und Enden zusammendrücken; zugedeckt ca. 10 Minuten rasten lassen.
7. Tortellini in kochendes Salzwasser einlegen, Hitze reduzieren und 8 bis 10 Minuten ziehen lassen.
8. Tortellini aus dem Wasser heben, abtropfen lassen und mit Sauce anrichten.
9. Sauce: Zwiebeln schälen, fein hacken, in THEA anrösten. Paradeiser samt Saft dazugeben, würzen und ca. 15 Minuten kochen lassen.

Schafkäsehaluszka

(4 Portionen)

45 dag breite Bandnudeln
Salz
15 dag Hamburgerspeck
5 dag THEA
15 dag milder Schafkäse
3/8 l Sauerrahm
Salz
Pfeffer

1. Nudeln in reichlich Salzwasser bißfest kochen; abseihen.
2. Speck kleinwürfelig schneiden, in 1 dag THEA anrösten und aus der Pfanne nehmen.
3. Restliche THEA im Bratrückstand schmelzen, Nudeln zufügen und darin schwenken.
4. Schafkäse mit einer Gabel zerdrücken, mit Rahm vermengen und unter die Nudeln mengen.
5. Mit Salz und Pfeffer würzen, Speckwürfel darüberstreuen und sofort servieren.

Gefüllte Muschelnudeln

(4 Portionen)

12 große Muschelnudeln (ca. 25 dag)
Salz
2 Hühnerfilets (ca. 25 dag)
15 dag Hühnerleber
4 dag THEA
30 dag Lauch
1 Kaffeelöffel Majoran
2 Knoblauchzehen, zerdrückt
Salz
Pfeffer
¼ l Rindsuppe
⅛ l Obers
THEA für die Form
8 dag Parmesan, gerieben

1. Muschelnudeln in reichlich Salzwasser bißfest kochen, abseihen und gut abschwemmen.
2. Fülle: Hühnerfilets und Hühnerleber in Würfel schneiden und in THEA rundherum anbraten.
3. Lauch waschen, putzen, in Ringe schneiden und mitrösten.
4. Mit Majoran, Knoblauch, Salz und Pfeffer würzen und mit Rindsuppe und Obers aufgießen.
5. Sauce einige Minuten kochen lassen.
6. Muscheln mit der Sauce füllen, in eine befettete Form legen, mit Parmesan bestreuen und im Backrohr bei 200 Grad ca. 15 Minuten überbacken.

Putenfilets in Basilikumsauce mit Karottennudeln

(4 Portionen)

4 Putenfilets (à ca. 12 dag)
Salz
Pfeffer
4 dag THEA
1 Kaffeelöffel glattes Mehl
⅛ l halbtrockener Weißwein
¼ l Rindsuppe
⅛ l Kaffeeobers
Salz
Pfeffer
4 Eßlöffel Basilikum, gehackt

Karottennudeln:
15 dag Karotten
5 dag THEA
18 dag Tagliatelle (dünne Bandnudeln)
Salz
Basilikum zum Garnieren

1. Putenfilets salzen und pfeffern und in zerlassener THEA beidseitig abbraten; warm stellen.
2. Mehl im Bratrückstand kurz anrösten, mit Wein ablöschen und mit Rindsuppe aufgießen.
3. Obers dazugießen, salzen, pfeffern und die Sauce bei geringer Hitze ca. 5 Minuten kochen lassen.
4. Mit Basilikum würzen, Fleisch in die Sauce legen und ca. 5 Minuten bei schwacher Hitze darin ziehen lassen.
5. Karotten putzen, in dünne Streifen schneiden und in zerlassener THEA anrösten, salzen und im eigenen Saft dünsten.
6. Nudeln in Salzwasser bißfest kochen, abseihen und mit den Karotten vermengen.
7. Putenfilets mit Sauce und Nudeln anrichten und mit Basilikumblättchen garnieren.

Schweinefleisch mit Glasnudeln

(4 Portionen)

1. Mu-Err-Pilze (oder andere getrocknete Pilze) in Wasser 15 Minuten einweichen.
2. Glasnudeln mit reichlich heißem Wasser übergießen und 30 Minuten darin ziehen lassen.
3. Lungenbraten in dünne Scheiben schneiden und mit Sojasauce, Eiklar und Stärkemehl vermengen und 30 Minuten marinieren lassen.
4. Frühlingszwiebeln putzen (dunkles Blattgrün entfernen), in etwa 3 cm lange Stücke schneiden.
5. Fleisch in heißer THEA anbraten, Frühlingszwiebeln beigeben und mitrösten.
6. Chilischote fein hacken, dazugeben und mit Rindsuppe aufgießen.
7. Pilze und Nudeln abseihen und untermengen.
8. Knoblauch zugeben und würzen.

1 dag Mu-Err-Pilze
10 dag Glasnudeln
40 dag Schweinslungenbraten
4 Eßlöffel Sojasauce
1 Eiklar
2 Kaffeelöffel Stärkemehl
3 dag THEA
2 Bund Frühlingszwiebeln
1 Chilischote
$^{3}/_{8}$ l Rindsuppe
2 Knoblauchzehen, zerdrückt
Salz
Pfeffer

Piccata Milanese mit Spaghetti

(4 Portionen)

1. Paradeissauce: Lauch putzen und in feine Ringe schneiden.
2. Champignons waschen, putzen, feinblättrig schneiden und mit Lauch in Öl anrösten.
3. Paradeiser samt Saft dazugeben und mit Rindsuppe aufgießen. Mit Basilikum, Oregano, Salz und Pfeffer würzen. Sauce bei geringer Hitze einige Minuten kochen lassen und warm stellen.
4. Spaghetti in Salzwasser bißfest kochen, abseihen, mit Öl vermengen und ebenfalls warm stellen.
5. Kalbsschnitzel klopfen, salzen, in Mehl wenden.
6. Eier mit Parmesan verquirlen, Schnitzel einzeln durch die Ei-Käse-Mischung ziehen und in heißem Öl schwimmend ausbacken; auf Küchenkrepp gut abtropfen lassen.
7. Spaghetti anrichten, mit Sauce übergießen und mit den Schnitzeln belegen.

Paradeissauce:
5 dag Lauch
10 dag Champignons
5 Eßlöffel BONA-Öl
1 Dose geschälte Paradeiser, gehackt
$^{1}/_{8}$ l Rindsuppe
Basilikum, Oregano
Salz, Pfeffer
25 dag Spaghetti
Salz
2 Eßlöffel BONA-Öl
12 kleine Kalbsschnitzel (à ca. 5 dag)
Salz
Mehl zum Wenden
4 Eier
6 dag Parmesan, gerieben
BONA-Öl zum Ausbacken

Ravioli mit Fleischfülle

(4 Portionen)

Teig:
30 dag glattes Mehl
3 Eier
2 Eßlöffel BONA-Öl
Salz

Fülle:
1 Zwiebel
2 Knoblauchzehen, zerdrückt
3 dag THEA
25 dag gemischtes Faschiertes
3 Eßlöffel Semmelbrösel
$^{1}/_{8}$ l Schlagobers
3 Eßlöffel Parmesan, gerieben
$^{1}/_{2}$ Bund Petersilie, gehackt
1 Eßlöffel Thymian, gehackt
Salz
Pfeffer
Muskat
Mehl zum Ausarbeiten
Salz
8 dag THEA
10 dag Parmesan, gerieben

1. Teig: Mehl mit Eiern, Öl und Salz gut vermengen und zu einem geschmeidigen Teig verkneten, in Folie eingewickelt ca. 2 Stunden rasten lassen.
2. Fülle: Zwiebel schälen, fein hacken und mit Knoblauch in Fett anrösten, Fleisch dazugeben und unter ständigem Wenden mitbraten; von der Hitze nehmen.
3. Brösel, Obers, Parmesan, Petersilie und Thymian zugeben und mit Salz, Pfeffer und etwas Muskat würzen.
4. Teig teilen und beide Teile auf einer bemehlten Arbeitsfläche messerrückendick ausrollen.
5. Eine Teigplatte mit Wasser bestreichen.
6. Mit einem Kaffeelöffel Fülle in gleichmäßigen Abständen auf die bestrichene Teigplatte geben. Zweite Teigplatte darauflegen und Zwischenräume festdrücken.
7. Mit einem Teigrad in Quadrate schneiden.
8. In kochendes Salzwasser einlegen, 4 bis 5 Minuten darin ziehen lassen und abseihen.
9. THEA zerlaufen lassen, Ravioli darin schwenken, anrichten und mit Parmesan bestreuen.

Hauptgerichte mit Fisch

Gebratener Kabeljau mit Sardellenerdäpfeln

(4 Portionen)

4 dag THEA
4 dag glattes Mehl
$^1/_4$ l Milch
$^1/_4$ l Rindsuppe
80 dag mehlige Erdäpfel
8 Sardellenfilets
3 Kaffeelöffel Estragonsenf
Salz
Pfeffer
4 Kabeljaufilets (à 15 dag)
Salz
Pfeffer
Mehl zum Wenden
BONA-Öl zum Braten
$^1/_2$ Bund Dille, gehackt
Paprikapulver zum Bestreuen

1. THEA zerlassen, Mehl dazugeben, kurz darin anrosten, bis es aufschäumt und mit Milch unter ständigem Rühren aufgießen; Rindsuppe dazugeben und gut verrühren.
2. Erdäpfel schälen, in dünne Scheiben schneiden und in die Sauce geben.
3. Sardellenfilets fein hacken und mit Senf dazugeben, mit Salz und Pfeffer würzen und Erdäpfelsauce bei geringer Hitze ca. 20 Minuten kochen.
4. Fischfilets mit Salz und Pfeffer würzen, in Mehl wenden und in Öl beidseitig braten.
5. Dille unter die Sauce mengen, mit gebratenen Fischfilets anrichten und mit etwas Paprikapulver bestreuen.

Knusprige Fischstreifen mit Rahm-Erdäpfelsalat

(4 Portionen)

50 dag speckige Erdäpfel
1 rote Zwiebel
$^1/_4$ l Sauerrahm
3 Eßlöffel BONA-Öl
3 Eßlöffel Weinessig
Kristallzucker
$^1/_{16}$ l Wasser
Salz
Pfeffer
15 dag Zanderfilet
15 dag Kabeljau
15 dag Steinbutt
15 dag Karpfenfilet
Salz
Pfeffer
Mehl zum Wenden
3 oder 4 Eier
Semmelbrösel zum Wenden
BONA-Öl zum Ausbacken
1 Bund Schnittlauch, fein geschnitten

1. Erdäpfel kochen, schälen, etwas überkühlen lassen und in Scheiben schneiden.
2. Zwiebel schälen, fein hacken, mit Sauerrahm, Öl, Essig, etwas Zucker und Wasser gut verrühren und mit den Erdäpfelscheiben vermengen; salzen und pfeffern. Salat etwa 1 Stunde zugedeckt gut durchziehen lassen.
3. Fischfilets in 2 cm breite Stücke schneiden; salzen und pfeffern.
4. Mit Mehl, verquirltem Ei und Bröseln panieren und im heißen Öl schwimmend ausbacken.
5. Auf Küchenkrepp abtropfen lassen, mit Erdäpfelsalat anrichten und mit Schnittlauch bestreuen.

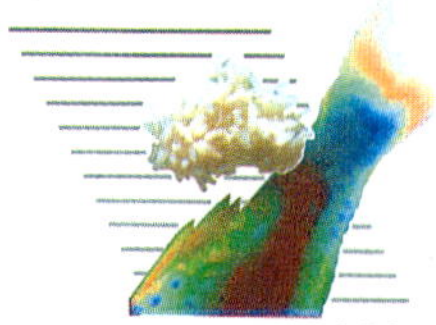

Karpfen in Erdäpfel-Wurzelsud

(4 Portionen)

1. Erdäpfel schälen, Wurzelwerk putzen und beides in dünne Stifte schneiden.
2. Gemüse in eine Bratwanne geben, mit Wein und Rindsuppe übergießen.
3. Lorbeerblatt, Wacholderbeeren, Pfefferkörner und Thymianzweige zufügen und bei geringer Hitze ca. 10 Minuten dünsten; salzen und pfeffern.
4. Karpfenfilets mit Zitronensaft beträufeln, salzen und pfeffern.
5. Fischstücke auf das Gemüse legen, mit Alufolie abdecken und im vorgeheizten Backrohr bei 160 Grad ca. 30 Minuten garen.
6. Fischfilets mit Wurzelsud anrichten und mit Petersilie und Kren bestreuen.

30 dag Erdäpfel
1 Bund Wurzelwerk
$^1/_8$ l trockener Weißwein
$^1/_4$ l Rindsuppe (Würfelsuppe)
1 Lorbeerblatt
4 Wacholderbeeren
4 Pfefferkörner
2 Zweige Thymian
Salz, Pfeffer
8 kleinere Karpfenfilets (à etwa 10 dag)
Saft von 1 Zitrone
Salz, Pfeffer
$^1/_2$ Bund Petersilie, gehackt
4 Eßlöffel Kren, frisch gerieben

Kabeljau mit Erdäpfel-Brotkruste und Zwiebelsauce

(4 Portionen)

1. Erdäpfel kochen, schälen, auskühlen lassen und grob raffeln.
2. Brot zerkrümeln und in Öl anrösten. Knoblauch zufügen, von der Hitze nehmen und mit Erdäpfeln vermengen.
3. Dotter untermengen und mit Kümmel, Salz und Pfeffer würzen.
4. Fischfilets salzen, mit der Brotmasse bestreichen, auf ein befettetes Blech legen und im vorgeheizten Rohr bei 200 Grad ca. 15 Minuten überbacken.
5. Sauce: Zwiebeln schälen, in Ringe schneiden und in THEA goldbraun anrösten, mit Wein ablöschen und mit Rindsuppe aufgießen.
6. Lorbeerblatt zerbröseln, zufügen und mit Salz und Pfeffer würzen. Sauce einige Minuten kochen lassen. Crème fraîche unterrühren und noch einmal aufkochen lassen. Die Sauce mit dem Fisch anrichten.

25 dag speckige Erdäpfel
15 dag dunkles Schwarzbrot
3 Eßlöffel BONA-Öl
1 Knoblauchzehe, zerdrückt
2 Dotter
Kümmel, gemahlen
Salz, Pfeffer
4 Kabeljaustücke (à 15 dag)
Salz
BONA-Öl für das Blech

Sauce:
4 große Zwiebeln (ca. 40 dag)
5 dag THEA
$^1/_8$ l trockener Weißwein
$^1/_8$ l Rindsuppe (Würfelsuppe)
1 Lorbeerblatt
Salz, Pfeffer
$^1/_2$ Becher Crème fraîche

Zander mit Erdäpfelfülle

(4 Portionen)

40 dag mehlige Erdäpfel
2 Dotter
4 dag THEA
4 Knoblauchzehen, zerdrückt
3 Eßlöffel Petersilie, gehackt
Salz
Pfeffer
4 Zanderfilets (à 15 dag)
Zitronensaft
Salz
Pfeffer
18 dag Schinkenspeck, dünn aufgeschnitten
THEA für das Backblech

1. Erdäpfel kochen, schälen, mit Gabel zerdrücken.
2. Mit Dottern, THEA, Knoblauch und Petersilie vermengen, salzen und pfeffern.
3. Fischfilets mit Zitronensaft beträufeln, würzen.
4. Zwei Fischfilets mit der Erdäpfelmasse bestreichen und mit restlichen Filets abdecken.
5. Gefüllte Fischfilets vorsichtig mit Speckscheiben umwickeln und auf ein leicht befettetes Backblech legen. Im vorgeheizten Backrohr bei 200 Grad ca. 25 Minuten braten.
6. Fisch mit Folie abdecken und 2 bis 3 Minuten rasten lassen. Anschließend in fingerdicke Scheiben schneiden und anrichten.

Tip

In THEA geschwenkte Fisolen oder Lauchgemüse schmecken hervorragend zu dieser Speise.

Karpfen in Paprika-Erdäpfelsauce

(4 Portionen)

25 dag mehlige Erdäpfel
10 dag rote Paprikaschote
10 dag grüne Paprikaschote
5 dag Hamburgerspeck
2 dag THEA
1 Eßlöffel edelsüßes Paprikapulver
3/8 l Rindsuppe (Würfelsuppe)
1 Knoblauchzehe, zerdrückt
1 Kaffeelöffel Majoran
Salz
Pfeffer
1 Becher Crème fraîche
8 Karpfenfilets (à 10 dag)
Salz
Pfeffer
1/2 Bund Petersilie, gehackt

1. Erdäpfel schälen und kleinwürfelig schneiden.
2. Paprikaschoten waschen und ebenfalls kleinwürfelig schneiden.
3. Speck in dünne Streifen schneiden und in THEA anrösten, Erdäpfel und Paprikawürfel dazugeben und miträsten.
4. Paprikapulver einrühren und sofort mit Rindsuppe aufgießen.
5. Knoblauch und Majoran dazugeben, salzen und pfeffern. Sauce 15 Minuten bei schwacher Hitze kochen lassen.
6. Crème fraîche unterrühren, Sauce noch einmal aufkochen lassen.
7. Haut der Fischfilets einschneiden, salzen und pfeffern. In Mehl beidseitig wenden und in THEA braten.
8. Fischfilets mit Sauce anrichten und mit Petersilie bestreuen.

Saiblinge mit Erdäpfelfülle

(4 Portionen)

1. Erdäpfel schälen, großwürfelig schneiden und in Milch mit Knoblauch und Salz weich kochen; überschüssige Milch abgießen und Erdäpfel zerstampfen.
2. Zwiebel schälen, fein hacken und mit Petersilie in THEA anrösten; Pinienkerne zufügen, kurz mitrösten und mit den Erdäpfeln vermengen.
3. THEA und Dotter dazugeben und mit Rosmarin, Salz und Pfeffer würzen.
4. Saiblinge waschen, trockentupfen, innen und außen salzen und pfeffern.
5. Fische mit der Erdäpfelmasse füllen, in Mehl wenden und in Öl langsam knusprig braten.
6. Restliche Erdäpfelmasse zu kleinen Laibchen formen und mitbraten.

Anmerkung:

Statt Saiblinge können auch Forellen genommen werden.

30 dag Erdäpfel
1/4 l Milch
4 Knoblauchzehen, zerdrückt
Salz
1 Zwiebel
1 Bund Petersilie, gehackt
4 dag THEA
2 dag Pinienkerne
4 dag THEA
1 Dotter
Rosmarin
Salz
Pfeffer

4 große Saiblinge
(à ca. 30 dag)
Salz
Pfeffer
Mehl zum Wenden
BONA-Öl zum Braten

Reis

Scholle „Saltimbocca" mit Kurkumareis

(4 Portionen)

1. Reis in zerlassener THEA anrösten, Kurkuma (oder Curry) zufügen, mit Rindsuppe aufgießen, salzen und bei mittlerer Hitze zugedeckt dünsten; des öfteren mit einer Gabel auflockern.
2. Schollenfilets der Länge nach halbieren, salzen und pfeffern.
3. Fischstücke mit 2 bis 3 Salbeiblättern und Rohschinken belegen und mit Zahnstocher feststecken.
4. Fische in Fett beidseitig braten und mit dem Kurkumareis (oder Curryreis) anrichten.

20 dag Langkornreis
5 dag THEA
1 Kaffeelöffel Kurkuma
(oder Curry)
3/4 l Rindsuppe (Würfelsuppe)
Salz
4 größere Schollenfilets
(à 15 dag)
Salz

Pfeffer
frische Salbeiblätter
8 dünne Scheiben
Rohschinken (etwa 12 dag)
THEA zum Braten

Kräuterfisch in Folie

(4 Portionen)

1 Zwiebel
4 dag THEA
12 dag Langkornreis
3/4 l Rindsuppe (Würfelsuppe)
Salz
40 dag Champignons
1/2 Bund Petersilie, gehackt
1 Bund Schnittlauch, fein geschnitten
2 Eßlöffel Estragon, gehackt
70 dag Rotbarschfilets
Zitronensaft
Salz
Pfeffer
BONA-Öl zum Bestreichen
Pfeffer aus der Mühle

1. Zwiebel schälen, fein hacken und in THEA anrösten. Reis zufügen, kurz mitrösten, mit Rindsuppe aufgießen, salzen und bei geringer Hitze ca. 20 Minuten dünsten, überkühlen lassen.
2. Champignons putzen, waschen und dünnblättrig schneiden.
3. Reis mit Champignons und Kräutern vermengen.
4. Fischstücke mit Zitronensaft beträufeln, salzen und pfeffern.
5. 4 Stück Alufolie mit etwas Öl bestreichen, Reismasse darauf verteilen, jeweils 2 Fischstücke darauflegen und Folie verschließen.
6. Folienpakete auf ein Backblech legen und im vorgeheizten Backrohr bei 220 Grad 10 Minuten garen.
7. Folie öffnen, den Inhalt auf Teller gleiten lassen und mit frischgemahlenem Pfeffer bestreuen.

Seezunge in Paradeissauce mit Basilikumreis

(4 Portionen)

2 Knoblauchzehen
2 dag THEA
2 Eßlöffel Paradeismark
3/8 l Rindsuppe (Würfelsuppe)
Prise Kristallzucker
Salz
Pfeffer
1 Becher Crème fraîche
70 dag Seezungenfilets
Salz
Pfeffer
THEA zum Braten

Basilikumreis:
1 Zwiebel
3 dag THEA
20 dag Langkornreis
3/8 l Rindsuppe
1 Bund Basilikum (ca. 5 Eßlöffel)
4 dag THEA

1. Knoblauch schälen, in THEA anrösten. Paradeismark zufügen und mit Rindsuppe aufgießen.
2. Mit etwas Zucker, Salz und Pfeffer würzen und Sauce bei geringer Hitze 10 Minuten kochen lassen.
3. Crème fraîche unterrühren und zu einer cremigen Konsistenz verkochen lassen.
4. Seezungenfilets salzen und pfeffern, in zerlassener THEA kurz braten und mit Sauce und Basilikumreis anrichten. (Knoblauch vorher entfernen.)
5. Basilikumreis: Zwiebel schälen, fein hacken und in THEA anrösten. Reis zufügen, mit Rindsuppe aufgießen und weich dünsten. Basilikumblättchen in Streifen schneiden und mit THEA untermengen.

Anmerkung

Statt Seezungenfilets können auch Schollenfilets genommen werden.

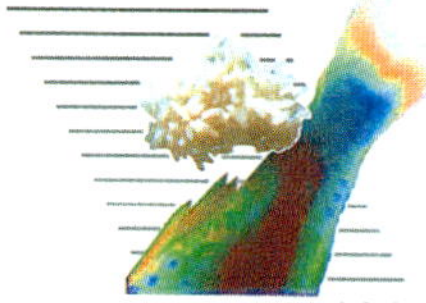

Lachs in Schnittlauchsauce mit Wildreispuffern

(4 Portionen)

1. Lauch waschen, putzen, in Ringe schneiden und in THEA anrösten. Reis zufügen, kurz mitrösten, mit Rindsuppe aufgießen, salzen und zugedeckt bei geringer Hitze ca. 30 Minuten dünsten; erkalten lassen und Ei untermengen.
2. Schnittlauch fein schneiden, in zerlassener THEA anrösten und mit Wermut und Rindsuppe aufgießen.
3. Lachsfilets salzen und pfeffern, in den Sud legen und 10 bis 12 Minuten dünsten; Fisch herausnehmen und warm stellen.
4. Sud mit Obers etwas einkochen lassen, salzen und THEA-Flocken mit einem Schneebesen unterrühren; Sauce nicht mehr aufkochen lassen.
5. Aus der Reismasse kleine Puffer formen und in Fett knusprig braten. Fisch mit Sauce und Puffern anrichten.

10 dag Lauch
3 dag THEA
10 dag Wildreismischung
3/4 l Rindsuppe (Würfelsuppe)
Salz
1 Ei
2 Bund Schnittlauch
3 dag THEA
1/8 l trockener Wermut
1/4 l Rindsuppe (Würfelsuppe)
4 Lachsfilets (à 20 dag)
1/8 l Obers
Salz
Pfeffer
3 dag THEA
THEA zum Braten

Fisch-Paella

(4 Portionen)

1 Bund Frühlingszwiebeln
4 Eßlöffel BONA-Öl
1 grüne Paprikaschote
1 rote Paprikaschote
25 dag Langkornreis
1/8 l trockener Weißwein
3/8 l Rindsuppe (Würfelsuppe)
2 Chilischoten
1/2 Kaffeelöffel Safranfäden
3 Zweige Oregano
1 Fleischparadeiser (ca. 20 dag)
20 dag Seelachsfilet oder Kabeljau
20 dag Cocktailgarnelen, vorgekocht
20 dag Miesmuscheln, geputzt und gewaschen
Salz
1/2 Bund Petersilie, gehackt

1. Frühlingszwiebeln putzen (dunkles Blattgrün entfernen), in etwa 1 cm große Stücke schneiden und in Öl anrösten.
2. Paprika waschen, entkernen, großwürfelig schneiden, mit Reis zu den Zwiebeln geben, kurz mitrösten lassen und mit Wein ablöschen.
3. Mit Rindsuppe aufgießen.
4. Chilischoten fein hacken und mit Safran und Oregano zum Reis geben; zugedeckt 20 Minuten dünsten.
5. Paradeiser kreuzweise einschneiden, blanchieren, schälen und kleinwürfelig schneiden.
6. Fisch großwürfelig schneiden und mit Garnelen, Muscheln und Paradeiswürfeln unterheben, salzen.
7. Im Rohr bei 200 Grad zugedeckt ca. 20 Minuten weitergaren.
8. Paella mit Petersilie vermengen und anrichten.

Hinweis

Bereits geöffnete Muscheln nicht verwenden!

Teigwaren

Spaghetti mit Meeresfrüchten

(4 Portionen)

1 rote Paprikaschote (ca. 12 dag)
3 Eßlöffel BONA-Öl
1 Zucchini (ca. 15 dag)
1/8 l trockener Weißwein
40 dag gemischte Meeresfrüchte, tiefgekühlt
1 Knoblauchzehe, zerdrückt
1 Kaffeelöffel Thymian
1 Fleischparadeiser (20 dag)
Salz
Cayennepfeffer
45 dag Spaghetti

1. Paprikaschote waschen, entkernen, kleinwürfelig schneiden und in Öl anrösten.
2. Zucchini in feine Streifen schneiden, dazugeben, kurz mitrösten und mit Wein ablöschen.
3. Aufgetaute Meeresfrüchte zugeben und bei geringer Hitze ca. 15 Minuten dünsten; würzen.
4. Paradeiser großwürfelig schneiden, kurz in der Sauce erwärmen; salzen und pfeffern.
5. Spaghetti in reichlich Salzwasser bißfest kochen, abseihen, mit der Fischsauce vermengen, anrichten.

Garnelen in Knoblauch-Sojasauce mit Glasnudeln

(4 Portionen)

1. Glasnudeln mit heißem Wasser übergießen und 15 Minuten darin ziehen lassen.
2. Garnelen mit Knoblauchzehen, Stärkemehl, Sojasauce, Olivenöl, Tabascosauce und Zitronensaft vermengen und 10 Minuten marinieren lassen.
3. Lauch waschen, putzen, in dünne Streifen schneiden und in Öl anrösten.
4. Garnelen abseihen, zum Lauch geben und mitbraten.
5. Mit der Marinade ablöschen, mit Rindsuppe aufgießen und einige Minuten kochen lassen.
6. Nudeln abseihen, zur Sauce geben, gut vermengen und mit Salz und Pfeffer abschmecken.

1 Paket Glasnudeln (10 dag)
50 dag Cocktailgarnelen, vorgekocht und geschält
4 Knoblauchzehen, zerdrückt
1 Eßlöffel Stärkemehl
$^{1}/_{8}$ l Sojasauce
3 Eßlöffel Olivenöl
Tabascosauce
1 Eßlöffel Zitronensaft
15 dag Lauch
2 Eßlöffel BONA-Öl
$^{3}/_{8}$ l Rindsuppe (Würfelsuppe)
Salz
Pfeffer

Tagliatelle mit gebratenen Sardinen

(4 Portionen)

1. Tagliatelle in Salzwasser bißfest kochen, abseihen, mit Öl vermengen und warm stellen.
2. Fenchel putzen, halbieren, in feine Streifen schneiden und in heißer THEA anrösten; mit Rindsuppe aufgießen und mit Knoblauch, Salz, Koriander und Pfeffer würzen. Bei geringer Hitze 15 Minuten dünsten.
3. Fenchelgemüse mit Tagliatelle vermengen und warm stellen.
4. Die Sardinen waschen, trockentupfen, Schwanzflossen und Köpfe abschneiden. Vom Rückgrat her der Länge nach halbieren.
5. Sardinenfilets salzen, pfeffern und in heißer THEA knusprig braten.
6. Dille unter die Nudeln mengen und mit den Sardinen anrichten.

45 dag Tagliatelle (dünne Bandnudeln)
Salz
3 Eßlöffel BONA-Öl

Sauce:
1 Fenchelknolle
3 dag THEA
$^{1}/_{4}$ l Rindsuppe
2 Knoblauchzehen, zerdrückt
Salz
Koriander, gemahlen
Pfeffer
50 dag frische Sardinen
Salz
Pfeffer
THEA zum Braten
1 Bund Dille, gehackt

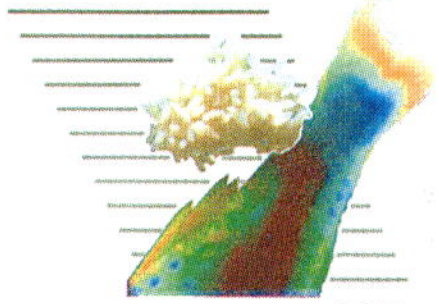

Safrannudeln mit Riesengarnelen

(4 Portionen)

Teig:
22 dag glattes Mehl
1 Ei
1 Dotter
½ Kaffeelöffel Safranfäden
Salz
Mehl zum Ausarbeiten
Salz
etwas BONA-Öl

Sauce:
2 Fleischparadeiser (ca. 40 dag)
12 Riesengarnelenschwänze, roh und geschält
4 Eßlöffel BONA-Öl
10 dag Lauch
⅛ l Rindsuppe (Würfelsuppe)
1 Bund Petersilie, gehackt
Salz
Pfeffer
Cayennepfeffer

1. Teig: Ei mit Dotter und Safran verquirlen, salzen, zum Mehl geben, zu einem glatten Teig verarbeiten.
2. Teig in Klarsichtfolie wickeln und ca. 30 Minuten kalt rasten lassen.
3. Teig auf einer bemehlten Arbeitsfläche 1 mm dick auswalken, etwas antrocknen lassen und mit einem Teigrad in 1 cm breite Nudeln schneiden.
4. In Salzwasser 3 bis 4 Minuten kochen, abseihen, mit einigen Tropfen BONA-Öl vermengen und warm stellen.
5. Sauce: Paradeiser kreuzweise einschneiden, blanchieren, schälen, in Würfel schneiden und beiseite stellen.
6. Garnelen der Länge nach halbieren, wenn nötig Darm entfernen und in Öl beidseitig braten; aus der Pfanne heben, warm stellen.
7. Lauch waschen, in dünne Ringe schneiden und im Bratrückstand anrösten; Paradeiser zugeben und mit Rindsuppe aufgießen.
8. Petersilie einrühren, mit Salz, Pfeffer und Cayennepfeffer würzen.
9. Garnelen in die Sauce geben, einige Minuten darin ziehen lassen und über den Nudeln verteilen.

Lachsfilets im Lasagneblatt

(4 Portionen)

4 Lasagneblätter
Salz
2 Becher Crème fraîche
1 Bund Dille, gehackt
Schale von ¼ Zitrone, abgerieben
2–3 Eßlöffel Milch
Salz
Pfeffer
4 Lachsfilets (à ca. 15 dag)
Zitronensaft
Salz
Pfeffer
THEA für die Form

1. Lasagneblätter in reichlich Salzwasser bißfest kochen; abseihen und auf ein feuchtes Tuch legen.
2. Crème fraîche mit Dille, Zitronenschale, Milch, Salz und Pfeffer glattrühren.
3. Lachsfilets mit Zitronensaft beträufeln, salzen und pfeffern.
4. Lasagneblätter mit der Hälfte der Crème fraîche bestreichen, je ein Fischfilet darauflegen und einrollen.
5. Fischrollen in eine befettete feuerfeste Form legen und mit der restlichen Crème fraîche bestreichen.
6. Im vorgeheizten Rohr bei 200 Grad ca. 20 Minuten überbacken.

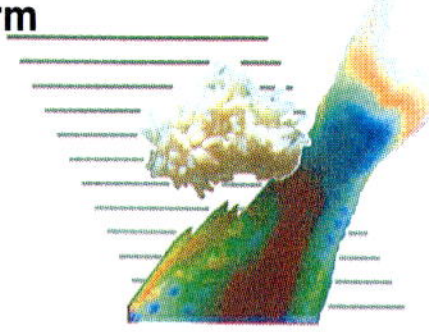

Asiatische Teigtaschen

(4 Portionen)

Teig:
30 dag glattes Mehl
1 Ei
$^{1}/_{8}$ l Wasser
1 Eßlöffel BONA-Öl
Salz

Fülle:
80 dag Scampi, vorgekocht
5 Eßlöffel BONA-Öl
1 Chinakohl (ca. 30 dag)
2 cl trockener Sherry
$^{1}/_{8}$ l Rindsuppe (Würfelsuppe)
3 Knoblauchzehen, zerdrückt
4 Eßlöffel Worcestersauce
Salz
Pfeffer

Mehl zum Ausarbeiten
etwa 2 l Rindsuppe (Würfelsuppe)

1. Teig: Mehl, Ei, Wasser, Öl und Salz zu einem glatten Teig verarbeiten, in Klarsichtfolie wickeln und 1 Stunde kalt stellen.
2. Fülle: Scampi in Öl anbraten.
3. Chinakohl putzen, in Streifen schneiden, dazugeben und unter ständigem Wenden mitbraten.
4. Mit Sherry ablöschen, Rindsuppe dazugießen und so lange dünsten, bis die Flüssigkeit zur Gänze verkocht ist; von der Hitze nehmen und mit Knoblauch, Worcestersauce, Salz und Pfeffer würzen.
5. Teig zu einer ca. 4 cm dicken Rolle formen und in $^{1}/_{2}$ cm dicke Scheiben schneiden.
6. Scheiben auf einer bemehlten Arbeitsfläche zu 1 mm dicken Teigplatten auswalken.
7. Teigränder mit Wasser bestreichen, jeweils 1 Eßlöffel Fülle daraufgeben, zusammenrollen und beide Enden zusammendrücken, so daß ein Päckchen entsteht.
8. Teigtaschen in kochende Rindsuppe einlegen, Hitze zurücknehmen und 15 Minuten bei geringer Hitze ziehen lassen.
9. Teigtaschen mit etwas Rindsuppe anrichten.

Variante

Teigtaschen können auch über Dampf gegart werden.

Aufläufe
Gratins

Pikanter Erdäpfelauflauf

(4 Portionen)

40 dag festkochende Erdäpfel
1 Zwiebel
3 dag THEA
Salz
12 dag dürre Wurst
3 Paradeiser (ca. 20 dag)
3 Eier, hart gekocht
THEA für die Form
10 dag Emmentaler, geraffelt

Bechamelsauce:
3 dag THEA
3 dag glattes Mehl
1/4 l Milch
Salz
Muskat
2 Dotter

1. Erdäpfel kochen, schälen, etwas überkühlen lassen und in dünne Scheiben schneiden.
2. Zwiebel schälen, kleinwürfelig schneiden und in zerlassener THEA anrösten, Erdäpfel dazugeben und unter ständigem Wenden kurz mitbraten, salzen und von der Hitze nehmen.
3. Wurst kleinwürfelig schneiden. Paradeiser waschen, Eier schälen und beides in Scheiben schneiden.
4. Befettete Auflaufform lagenweise mit der Hälfte der Erdäpfel, mit Paradeisern, Hälfte des Käses, Wurst und abschließend mit den restlichen Erdäpfeln füllen.
5. Bechamelsauce: THEA zerlassen, Mehl darin kurz anrösten, mit Milch unter ständigem Rühren aufgießen und einige Minuten kochen lassen, würzen, etwas überkühlen lassen und Dotter unterrühren.
6. Sauce über der Erdäpfelschicht verteilen, mit restlichem Käse bestreuen und im vorgeheizten Rohr bei 220 Grad 35 Minuten backen. Auflauf in Portionen teilen und anrichten.

Erdäpfelauflauf mit Mozzarella

(4 Portionen)

50 dag Zwiebel
4 dag THEA
1 Suppenwürfel
90 dag festkochende Erdäpfel
10 dag Emmentaler, geraffelt
1 Ei
1/8 l Schlagobers
3 Knoblauchzehen, zerdrückt
1 Lorbeerblatt, zerrieben
Oregano, Thymian
Kräutersalz
Pfeffer
15 dag Mozzarella
1 Bund Schnittlauch, fein geschnitten
THEA für die Form

1. Zwiebel schälen, kleinwürfelig schneiden und in zerlassener THEA anrösten, von der Hitze nehmen und zerbröselten Suppenwürfel einrühren.
2. Erdäpfel schälen, grob raffeln und mit Zwiebel vermengen.
3. Emmentaler, Ei, Obers und Knoblauch dazugeben, gut vermengen und mit Lorbeerblatt, Oregano, Thymian, Kräutersalz und Pfeffer würzen.
4. Masse in eine befettete Auflaufform geben, mit Alufolie abdecken und im vorgeheizten Rohr bei 200 Grad ca. 30 Minuten backen. Alufolie entfernen, mit Mozzarellascheiben belegen und 15 Minuten weiterbacken. Mit Schnittlauch bestreuen und anrichten.

Moussaka
(4–6 Portionen)

1. Erdäpfel kochen, schälen und in dünne Scheiben schneiden.
2. Zwiebeln schälen, kleinwürfelig schneiden und in Öl anrösten. Faschiertes dazugeben und unter ständigem Wenden einige Minuten mitbraten.
3. Paradeismark dazugeben, mit Rindsuppe aufgießen und mit Thymian, Oregano, Knoblauch, Salz und Pfeffer würzen. Sauce bei geringer Hitze ca. 10 Minuten kochen lassen.
4. Melanzani waschen, in Scheiben schneiden, in Öl kurz abbraten; auf Küchenkrepp abtropfen lassen.
5. Erdäpfelscheiben, Fleischsauce und Melanzani abwechselnd in eine befettete Auflaufform füllen.
6. Bechamelsauce: THEA zerlassen, Mehl darin anlaufen lassen, mit Milch aufgießen und unter ständigem Rühren einige Minuten kochen lassen; würzen.
7. Sauce über Moussaka gießen und im vorgeheizten Rohr bei 220 Grad ca. 50 Minuten backen.

50 dag mehlige Erdäpfel
2 Zwiebeln
50 dag gemischtes Faschiertes
5 Eßlöffel BONA-Öl
2 Eßlöffel Paradeismark
1/4 l Rindsuppe (Würfelsuppe)
Thymian
Oregano
4 Knoblauchzehen, zerdrückt
Salz
Pfeffer
2 Melanzani (à ca. 20 dag)
BONA-Öl zum Braten
THEA für die Form

Bechamelsauce:
5 dag THEA
5 dag glattes Mehl
3/8 l Milch
Salz
Muskat

Pikantes Fischgratin
(4 Portionen)

1. Erdäpfel schälen, in 1/2 cm dicke Scheiben schneiden und in 2 bis 3 Partien in Salzwasser 5 Minuten kochen und vorsichtig abseihen.
2. Fischfilets salzen und mit Zitronensaft beträufeln.
3. Zwiebel schälen, fein hacken und in zerlassener THEA anrösten, Paradeismark und Paprikapulver hinzufügen und mit Obers aufgießen. Sauce einige Minuten kochen lassen, mit Knoblauch und Salz würzen.
4. Erdäpfelscheiben in eine befettete feuerfeste Form dachziegelartig einlegen, Fischfilets darauflegen und Paprikacreme darüber verteilen. Mit Bröseln und Petersilie bestreuen und im vorgeheizten Rohr bei 220 Grad ca. 25 Minuten überbacken.

60 dag mehlige Erdäpfel
Salz
80 dag Kabeljaufilets
Salz
Saft von 1/2 Zitrone
1 Zwiebel
4 dag THEA
4 Eßlöffel Paradeismark
1 Eßlöffel edelsüßes Paprikapulver
1/4 l Schlagobers
3 Knoblauchzehen, zerdrückt
Salz
THEA für die Form
2 Eßlöffel Semmelbrösel
1/2 Bund Petersilie, gehackt

Sauerkraut-Erdäpfel-Gratin

(4 Portionen)

2 Zwiebeln
3 dag THEA
5 dag Frühstücksspeck
1/2 kg Sauerkraut
1/4 l Rindsuppe (Würfelsuppe)
5 Wacholderbeeren
Kümmel
2 Knoblauchzehen, zerdrückt
Salz
Pfeffer
50 dag festkochende Erdäpfel
4 Paar Bratwürstel
1/8 l Rindsuppe (Würfelsuppe)

1. Zwiebeln schälen, fein hacken und in THEA kurz anrösten.
2. Speck kleinwürfelig schneiden, dazugeben und kurz mitrösten.
3. Sauerkraut gut ausdrücken (eventuell etwas ausschwemmen), zugeben und mit Rindsuppe aufgießen.
4. Wacholderbeeren und Kümmel beigeben und mit Knoblauch, Salz und Pfeffer würzen. Kraut etwa 10 Minuten dünsten.
5. Erdäpfel schälen und in sehr dünne Scheiben schneiden.
6. Bratwürstel ebenfalls in Scheiben schneiden.
7. Alle Zutaten abwechselnd – 1 Schicht Erdäpfel mit Bratwürsteln, 1 Schicht Sauerkraut – in eine befettete Gratinierform geben und mit Rindsuppe übergießen.
8. Mit Alufolie abdecken und im vorgeheizten Rohr bei 220 Grad ca. 1 Stunde garen. Folie entfernen und bei starker Oberhitze noch 10 Minuten gratinieren.

Knackwurst-Erdäpfel-Gratin

(4 Portionen)

40 dag festkochende Erdäpfel
2 Zwiebeln
3 dag THEA
3 Knackwürste
30 dag IGLO-Kohlsprossen
Majoran
Salz
Pfeffer
THEA für die Form

Überguß:
1/4 l Sauerrahm
3 Eier
8 dag Emmentaler, geraffelt
1/2 Bund Petersilie, gehackt
Salz
Pfeffer

1. Erdäpfel kochen, schälen, auskühlen lassen und kleinwürfelig schneiden.
2. Zwiebeln schälen, kleinwürfelig schneiden und in zerlassener THEA kurz anrösten.
3. Knackwürste schälen, in Scheiben schneiden, zu den Zwiebeln geben und kurz mitbraten; von der Hitze nehmen.
4. Erdäpfel und aufgetaute Kohlsprossen dazugeben und mit Majoran, Salz und Pfeffer würzen.
5. Masse in eine befettete Gratinierform füllen.
6. Überguß: Sauerrahm mit Eiern, Käse und Petersilie verrühren und mit Salz und Pfeffer würzen. Über die Erdäpfelmasse gießen und im vorgeheizten Rohr bei 200 Grad ca. 40 Minuten backen.

Schinkengratin

(4 Portionen)

1. Erdäpfel schälen und in dünne Scheiben schneiden.
2. Schinken in dünne Stifte schneiden und beides dachziegelartig in eine gut befettete Gratinierform einschlichten, mit Käse bestreuen und mit Salz und Pfeffer würzen.
3. Überguß: Crème fraîche mit Milch, Eiern und Sauerrahm glattrühren und mit Salz, Pfeffer und etwas Muskat würzen.
4. Gratin mit der Rahmmischung übergießen, mit Alufolie gut abdecken und im vorgeheizten Rohr bei 200 Grad 30 Minuten backen. Alufolie entfernen und bei starker Oberhitze weitere 10 Minuten backen. In Portionen teilen und anrichten.

80 dag mehlige Erdäpfel
40 dag Saunaschinken
THEA für die Form
10 dag Bergkäse, geraffelt
Salz
Pfeffer

Überguß:
1/8 l Crème fraîche
1/8 l Milch
2 Eier
1/8 l Sauerrahm
Salz
Pfeffer
Muskat

Erdäpfelsoufflé

(4 Portionen)

80 dag mehlige Erdäpfel
Salz
8 dag THEA
8 dag Parmesan, gerieben
3 Dotter
Salz
Muskat
3 Eiklar
THEA für die Form
Semmelbrösel zum Ausstreuen

1. Erdäpfel schälen, vierteln und in Salzwasser weich kochen, abseihen, ausdampfen lassen und durch die Erdäpfelpresse drücken.
2. Weiche THEA, Parmesan und Dotter unter die überkühlte Erdäpfelmasse mengen. Mit Salz und Muskat würzen.
3. Eiklar zu festem Schnee schlagen und unter die Erdäpfelmasse heben.
4. In eine befettete und bebröselte Souffléform füllen und im vorgeheizten Rohr auf unterster Schiene bei 220 Grad ca. 40 Minuten backen. Soufflé sofort servieren.

Gebackener Apfelschaum

(4 Portionen)

50 dag säuerliche Äpfel
50 dag mehlige Erdäpfel
5 dag THEA
10 dag Staubzucker
10 dag getrocknete Früchte (z. B. Äpfel, Birnen, Zwetschken oder Feigen)
4 Dotter
1/16 l Calvados
Zimt, gemahlen
Piment, gemahlen
4 Eiklar
2 Eßlöffel Kristallzucker
THEA für die Form
Staubzucker zum Bestreuen

1. Kerngehäuse von den Äpfeln ausstechen, Äpfel in Alufolie wickeln und im Rohr bei 220 Grad 30 bis 40 Minuten braten.
2. Erdäpfel schälen, vierteln, weich kochen, abseihen und ausdampfen lassen.
3. Apfelfruchtfleisch aus der Schale lösen und mit den Erdäpfeln durch die Erdäpfelpresse drücken.
4. Zucker mit THEA bei geringer Hitze hellbraun karamelisieren, mit 1/16 l Wasser ablöschen, Apfel-Erdäpfelpüree zufügen und bei geringer Hitze so lange dünsten, bis ein festeres Püree entstanden ist; von der Hitze nehmen und überkühlen lassen.
5. Getrockenete Früchte kleinwürfelig schneiden und mit Dottern und Calvados vermengen, mit Zimt und Piment abschmecken; zum Püree geben.
6. Eiklar zu festem Schnee schlagen, Zucker nach und nach einschlagen und unter die Erdäpfelmasse heben. In eine befettete Auflaufform füllen und im vorgeheizten Rohr bei 200 Grad ca. 40 Minuten backen. Mit Staubzucker bestreuen und anrichten.

Erdäpfel-Lebkuchen-Auflauf

(4 Portionen)

1. Erdäpfel kochen, schälen und heiß durch die Erdäpfelpresse drücken.
2. Lebkuchen mit den Händen zerbröseln.
3. THEA mit Honig und Dottern flaumig rühren.
4. Erdäpfel, Lebkuchen, Lebkuchengewürz, Orangenschale und Rosinen untermengen.
5. Eiklar zu festem Schnee schlagen, Honig dazugeben, nochmals aufschlagen und unterheben.
6. Masse in eine befettete Form füllen und im vorgeheizten Rohr bei 180 Grad ca. 40 Minuten backen. Auflauf in Portionen teilen, bezuckern und mit Schlagobers und Preiselbeerkompott anrichten.

20 dag mehlige Erdäpfel
20 dag Lebkuchen
5 dag THEA
2 Eßlöffel Honig
4 Dotter
1 Kaffeelöffel Lebkuchengewürz
Schale von ½ Orange, abgerieben
3 dag Rosinen
4 Eiklar
1 Eßlöffel Honig
THEA für die Form
Staubzucker zum Bestreuen
Schlagobers und Preiselbeerkompott zum Garnieren

Birnen-Mohn-Auflauf

(4–6 Portionen)

1. Birnen schälen, halbieren und entkernen.
2. Weißwein mit Honig und Gewürznelken aufkochen, Birnenhälften darin weich dünsten und anschließend gut abtropfen lassen.
3. Erdäpfel kochen, schälen und heiß durch die Erdäpfelpresse drücken.
4. Weiche THEA mit Dottern und Zucker flaumig rühren, Salz, Erdäpfel und Zitronenschale zugeben.
5. Mohn und Mehl untermengen.
6. Eiklar fest aufschlagen, Vanillinzucker zugeben, nochmals fest aufschlagen und unter die Mohnmasse mengen.
7. Hälfte der Masse in eine befettete Auflaufform geben, Birnen darauflegen und restliche Mohnmasse darüber verteilen. Im vorgeheizten Rohr bei 180 Grad ca. 40 Minuten backen. In Portionen teilen, anrichten und mit Staubzucker bestreuen.

70 dag Birnen
½ l Weißwein
3 Eßlöffel Honig
3 Gewürznelken
50 dag mehlige Erdäpfel
10 dag THEA
4 Dotter
10 dag Staubzucker
Prise Salz
Schale von ½ Zitrone, abgerieben
10 dag Mohn, gerieben
5 dag glattes Mehl
4 Eiklar
1 Päckchen Vanillinzucker
THEA für die Form
Staubzucker zum Bestreuen

Italienischer Reisauflauf

(4 Portionen)

25 dag Reis
oder Vollwertreis
Salz
5 dag THEA
5 dag Mehl
3/8 l Milch
12 dag Emmentaler, gerieben
3 Dotter
15 dag Salami
3 Paradeiser
1 Zwiebel, fein gehackt
Salz, Pfeffer
Knoblauch
3 Eiklar
THEA-Flocken

1. Reis in reichlich Salzwasser weich kochen, abseihen, abspülen, abtropfen.
2. Mehl in THEA rösten, mit Milch aufgießen, gut verkochen, würzen, überkühlen; die Hälfte des Käses und die Dotter einrühren.
3. Salami nudelig schneiden; Paradeiser kreuzweise einschneiden, blanchieren, schälen, entkernen, würfelig schneiden, Zwiebel und zerdrückten Knoblauch zur Sauce rühren und unter den Reis mischen.
4. Eiklar zu steifem Schnee schlagen, unterheben.
5. Die Masse in eine befettete Auflaufform füllen, mit dem restlichen Käse bestreuen, mit THEA-Flocken belegen und bei 180 Grad ca. 45 Minuten backen.

Karotten-Pilz-Auflauf

(4 Portionen)

20 dag Wildreismischung
3 dag THEA
3/4 l Rindsuppe (Würfelsuppe)
Salz
1 Zwiebel
3 dag THEA
8 dag geräucherter Speck
40 dag Austernpilze
40 dag junge Karotten
Salz
Pfeffer
Thymian
3 dag THEA
3 dag glattes Mehl
1/4 l Milch
20 dag Mascarino
THEA für die Form
5 dag Frühstücksspeck, in dünne Scheiben geschnitten

1. Wildreismischung in zerlassener THEA anrösten, mit Rindsuppe aufgießen, salzen und bei geringer Hitze 20 Minuten kochen.
2. Zwiebel schneiden und in zerlassener THEA anrösten, Speck kleinwürfelig schneiden, dazugeben und kurz mitrösten.
3. Pilze waschen, gut abtropfen lassen, in feine Streifen schneiden, zur Zwiebelröstung geben und so lange dünsten, bis die Flüssigkeit zur Gänze verkocht ist.
4. Karotten putzen, in dünne Scheiben schneiden, in Salzwasser 3 Minuten blanchieren, abtropfen lassen.
5. Reis mit Pilzen und Karotten gut vermengen und mit Salz, Pfeffer und Thymian würzen.
6. THEA zerlassen, Mehl darin kurz anrösten, mit Milch aufgießen. Mascarino zugeben und unter ständigem Rühren einige Minuten kochen lassen.
7. Bechamelsauce mit der Reismasse vermengen, eventuell etwas nachwürzen, in eine befettete Auflaufform füllen, mit Speckscheiben belegen und im vorgeheizten Rohr bei 200 Grad 35 bis 40 Minuten backen.

Hühner-Reis-Auflauf

(4–6 Portionen)

1. Reis in zerlassener THEA anrösten, mit Rindsuppe aufgießen, salzen und bei geringer Hitze ca. 30 Minuten weich dünsten.
2. Hühnerfilets in Würfel schneiden und in zerlassener THEA anbraten, Paradeismark zugeben, mit Obers und Rindsuppe aufgießen, würzen; Hühnerragout ca. 5 Minuten kochen lassen; von der Hitze nehmen.
3. Aufgetauten Spinat gut abtropfen lassen und mit Knoblauch, Salz und Pfeffer würzen.
4. THEA mit Dottern flaumig rühren, Parmesan zugeben, mit etwas Salz und Muskat würzen und mit dem Reis gut vermengen.
5. Alle Zutaten abwechselnd in eine befettete Auflaufform füllen – mit der Reismasse abschließen –, mit THEA-Flocken belegen und im vorgeheizten Rohr bei 200 Grad ca. 40 Minuten backen. Auflauf in Portionen teilen und anrichten.

25 dag Rundkornreis
5 dag THEA
$^{3}/_{4}$ l Rindsuppe (Würfelsuppe)
Salz
40 dag Hühnerfilets
3 dag THEA
3 Eßlöffel Paradeismark
$^{1}/_{4}$ l Schlagobers
$^{1}/_{8}$ l Rindsuppe (Würfelsuppe)
Salz, Pfeffer
60 dag IGLO-Blattspinat
3 Knoblauchzehen, zerdrückt
Salz, Pfeffer
8 dag THEA
4 Dotter
5 dag Parmesan, gerieben
Salz, Muskat
THEA für die Form
THEA-Flocken zum Belegen

Pfirsich-Reis-Auflauf

(4–6 Portionen)

1. Milch mit Zucker und Salz aufkochen, Reis einrühren und bei geringer Hitze ca. 20 Minuten kochen; überkühlen lassen.
2. Pfirsiche blanchieren, schälen, Kerne entfernen und kleinwürfelig schneiden.
3. THEA mit Zucker flaumig rühren, Dotter nach und nach unterrühren. Reis, Topfen und Pfirsiche hinzufügen und gut vermengen.
4. Eiklar zu festem Schnee schlagen, Vanillinzucker und Zitronenschale einschlagen.
5. Schlagobers schlagen und mit dem Eischnee abwechselnd unter die Reismasse heben.
6. Die Hälfte der Masse in eine befettete Auflaufform füllen, mit Himbeeren bestreuen und die restliche Masse darüber verteilen. Im vorgeheizten Rohr bei 180 Grad ca. 40 Minuten backen. Mit Zucker bestreuen, in Portionen teilen und anrichten.

$^{1}/_{2}$ l Milch
1 Eßlöffel Staubzucker
Salz
15 dag Rundkornreis
5 große Pfirsiche
10 dag THEA
10 dag Staubzucker
5 Dotter
25 dag Topfen
5 Eiklar
2 Päckchen Vanillinzucker
Schale von $^{1}/_{2}$ Zitrone, abgerieben
$^{1}/_{8}$ l Schlagobers
THEA für die Form
25 dag Himbeeren
Staubzucker zum Bestreuen

Krokant-Auflauf

(4 Portionen)

5 dag THEA
15 dag Staubzucker
15 dag Mandelblättchen
$\frac{3}{4}$ l Milch
2–3 Safranfäden
2 Eßlöffel Honig
18 dag Rundkornreis
10 dag THEA
3 Eßlöffel Honig
4 Dotter
2 Eßlöffel Amaretto
4 Eiklar
THEA für die Form
Staubzucker zum Bestreuen

1. Zucker in THEA bei geringer Hitze hellbraun karamelisieren.
2. Mandelblättchen in eine flache Schüssel geben und heißes Karamel darübergießen; auskühlen lassen.
3. Milch mit Safran und Honig aufkochen, Reis dazugeben, bei geringer Hitze 20 Minuten kochen lassen.
4. THEA mit Honig flaumig rühren, Dotter nach und nach unterrühren, Amaretto und überkühlten Reis hinzufügen.
5. Mandelkrokant zerbröseln und untermengen.
6. Eiklar zu festem Schnee schlagen, unter die Masse heben und alles in eine befettete Auflaufform füllen. Im vorgeheizten Rohr bei 200 Grad 40 Minuten backen, mit Zucker bestreuen und anrichten.

Schönbrunner Reisauflauf

(4–6 Portionen)

$\frac{3}{4}$ l Milch
Salz
1 Päckchen Vanillinzucker
25 dag Rundkornreis
10 dag THEA
8 dag Staubzucker
8 Dotter
Schale von $\frac{1}{2}$ Zitrone, abgerieben
1 Päckchen Vanillinzucker
8 dag Kochschokolade
4 Eiklar
THEA für die Form
2 Oblaten
10 dag Erdbeermarmelade
4 Eiklar
1 Päckchen Vanillinzucker

1. Milch mit Salz und Vanillinzucker aufkochen, Reis einrühren und bei geringer Hitze ca. 20 Minuten kochen; überkühlen lassen.
2. THEA mit Zucker flaumig rühren, Dotter nach und nach unterrühren, Zitronenschale und Vanillinzucker beigeben. Reis damit vermengen und Masse halbieren.
3. Schokolade schmelzen und mit einem Teil der Reismasse gut verrühren.
4. Eiklar zu festem Schnee schlagen und je eine Hälfte unter die beiden Reismassen heben.
5. Helle Masse in eine befettete Auflaufform füllen, mit den Oblaten abdecken, mit Marmelade bestreichen und mit der Schokomasse abschließen. Im vorgeheizten Rohr bei 180 Grad 35 Minuten backen.
6. Eiklar zu festem Schnee schlagen, Vanillinzucker zugeben, nochmals fest durchschlagen. Auf dem Auflauf verteilen, weitere 10 Minuten bei gleicher Temperatur weiterbacken, in Portionen teilen und anrichten.

Reispudding mit Schokoeis-Sauce

(4–6 Portionen)

1/2 l Milch
Salz
12 dag Rundkornreis
10 dag THEA
10 dag Staubzucker
4 Dotter
8 dag Mandeln, gerieben
5 dag Rosinen
Schale von 1/2 Orange, abgerieben
2 cl Rum
2 Päckchen Vanillinzucker
4 Eiklar
THEA für die Form
Mandeln für die Form
Staubzucker zum Bestreuen
Schokoeis-Sauce:
25 dag Schokoladeeis
1/8 l Schlagobers
1 Eßlöffel Löskaffeepulver

1. Milch mit Salz aufkochen, Reis einrühren und bei geringer Hitze weich dünsten; überkühlen lassen.
2. THEA mit Zucker flaumig rühren und Dotter nach und nach unterrühren.
3. Reis, Mandeln, Rosinen, Orangenschale, Rum und Vanillinzucker dazugeben und gut vermengen.
4. Eiklar zu festem Schnee schlagen und unterheben.
5. Masse in eine verschließbare, befettete und mit geriebenen Mandeln ausgestreute Puddingform (mit 1 l Füllmenge) füllen und gut verschließen.
6. Form in einen Topf mit kochendem Wasser stellen, ca. 1 1/2 Stunden bei geringer Hitze kochen lassen.
7. Pudding etwas überkühlen lassen, vom Formrand lösen und stürzen; in Portionen teilen, mit Sauce anrichten und mit Zucker bestreuen.
8. Schokoeis-Sauce: Schokoladeeis etwas auftauen lassen und mit Schlagobers und Löskaffeepulver im Mixer mixen und sofort servieren.

Reisauflauf auf Rotweinzwetschken

(4 Portionen)

50 dag Zwetschken
1/8 l Rotwein
5 dag Kristallzucker
Zimt
1 Zitronenscheibe
Reismasse:
3/8 l Milch
3 dag THEA
Prise Salz
15 dag Rundkornreis
5 dag THEA
5 dag Staubzucker
Prise Salz
Schale von 1/2 Zitrone
1 Becher Crème fraîche
3 Dotter, 3 Eiklar
4 dag Kristallzucker
Staubzucker zum Bestreuen

1. Zwetschken waschen, halbieren und entkernen.
2. Rotwein mit 1/16 l Wasser, Zucker, Zimt und Zitronenscheibe aufkochen, Zwetschken hinzufügen und so lange dünsten, bis die Flüssigkeit verkocht ist.
3. Reismasse: Milch mit THEA und Salz aufkochen, Reis zugeben und bei geringer Hitze weich dünsten; überkühlen lassen.
4. THEA mit Zucker flaumig rühren, Salz und abgeriebene Zitronenschale beifügen.
5. Dotter, Crème fraîche und Reis unterrühren.
6. Eiklar zu festem Schnee schlagen, mit Zucker ausschlagen und unter die Reismasse heben.
7. Zwetschken in eine befettete Auflaufform füllen, Reismasse darüber verteilen und im vorgeheizten Rohr bei 180 Grad ca. 45 Minuten backen, mit Zucker bestreuen und anrichten.

Nudel-Fleisch-Auflauf

(4–6 Portionen)

25 dag Hörnchen
Salz
1 Zwiebel
3 dag THEA
40 dag faschiertes Rindfleisch
2 Paprikaschoten (à 12 dag)
2 Zucchini (à 12 dag)
1 Dose Paradeiser (Füllgewicht 42 dag)
Oregano
Thymian
Salz
Pfeffer
30 dag Mozzarella
THEA für die Form

Bechamelsauce:
3 dag THEA
3 dag glattes Mehl
$^{1}/_{8}$ l Milch
$^{1}/_{8}$ l Rindsuppe (Würfelsuppe)
Salz

1. Hörnchen in reichlich Salzwasser kochen, abseihen und gut abtropfen lassen.
2. Zwiebel schälen, fein hacken, in THEA anrösten, Faschiertes dazugeben und unter ständigem Wenden kurz mitrösten.
3. Paprikaschoten waschen, entkernen und kleinwürfelig schneiden, Zucchini waschen, in dünne Scheiben schneiden, beides zum Fleisch geben und mitrösten.
4. Paradeiser samt Saft einrühren, mit Oregano, Thymian, Salz und Pfeffer würzen. Fleischsauce bei geringer Hitze 15 Minuten dünsten und mit den Hörnchen gut vermengen.
5. Masse in eine befettete Form füllen.
6. Mozzarella in Scheiben schneiden und darüber verteilen.
7. Bechamelsauce: THEA zerlassen, Mehl darin anlaufen lassen und mit Milch und Rindsuppe aufgießen. Sauce unter ständigem Rühren einige Minuten kochen lassen, salzen und über den übrigen Zutaten verteilen. Im vorgeheizten Rohr bei 200 Grad ca. 40 Minuten backen.

Vollwert-Nudelauflauf

(4 Portionen)

40 dag Vollkornbandnudeln
Salz
1 Zwiebel
1 Eßlöffel VITA-Sonnenblumenmargarine
40 dag Champignons
1 Packung IGLO-8-Kräuter
3 Dotter
2 Knoblauchzehen, zerdrückt
1 Becher Crème fraîche
Salz
20 dag Gouda, geraffelt
3 Eiklar
VITA-Sonnenblumenmargarine für die Form

1. Nudeln in reichlich Salzwasser bißfest kochen, abseihen und gut abtropfen lassen.
2. Zwiebel schälen, fein hacken und in zerlassener VITA anrösten.
3. Champignons putzen, waschen, feinblättrig schneiden, dazugeben und so lange dünsten, bis die Flüssigkeit zur Gänze verdunstet ist; überkühlen lassen.
4. 8-Kräuter, Dotter, Knoblauch und Crème fraîche unter die Champignons mengen; salzen.
5. Nudeln mit Champignonmasse und Käse vermengen.
6. Eiklar zu festem Schnee schlagen und unterheben. In eine befettete Form füllen und im vorgeheizten Rohr bei 180 Grad ca. 30 Minuten backen.

Schinkenfleckerln I

(4–6 Portionen)

20 dag Fleckerln
Salz
35 dag Schinken oder Selchfleisch
10 dag THEA
5 Dotter
$^1/_4$ l Sauerrahm
Salz
Pfeffer
3 Eiklar
THEA für die Form

1. Fleckerln in Salzwasser weich kochen, abseihen und gut abtropfen lassen.
2. Schinken kleinwürfelig schneiden.
3. THEA flaumig rühren, Dotter nach und nach einrühren.
4. Mit Sauerrahm und Schinken gut vermengen und Fleckerln hinzufügen. Mit Salz und Pfeffer kräftig würzen.
5. Eiklar zu festem Schnee schlagen und unter die Fleckerln mengen.
6. Masse in eine befettete Auflaufform füllen und im vorgeheizten Rohr bei 180 Grad 45 Minuten backen.

Anmerkung

Unter den THEA-Dotter-Abtrieb können auch 8 dag geriebener Parmesan gemengt werden.

Schinkenfleckerln II

(4–6 Portionen)

20 dag Fleckerln
Salz
35 dag Schinken oder Selchfleisch
5 dag THEA
5 dag glattes Mehl
$^1/_4$ l Milch
4 Dotter
Salz
Pfeffer
$^1/_4$ l Sauerrahm
4 Eiklar
THEA für die Form
3 Eßlöffel Semmelbrösel zum Bestreuen

1. Fleckerln in Salzwasser weich kochen, abseihen und gut abtropfen lassen.
2. Schinken kleinwürfelig schneiden.
3. THEA zerlassen, Mehl darin kurz anrösten und mit Milch unter ständigem Rühren aufgießen, einige Minuten kochen lassen. Von der Hitze nehmen, Dotter nach und nach unterrühren, mit Salz und Pfeffer kräftig würzen.
4. Schinken und Fleckerln gut untermengen und Sauerrahm hinzufügen; eventuell etwas nachwürzen.
5. Eiklar zu festem Schnee schlagen und unterheben.
6. Masse in eine befettete Auflaufform füllen, mit Bröseln bestreuen und im vorgeheizten Rohr bei 180 Grad 45 Minuten backen. In Portionen teilen und anrichten.

Broccoli-Schinken-Auflauf

(4–6 Portionen)

1. Spaghetti in Salzwasser bißfest kochen, abseihen, gut abschwemmen und erkalten lassen.
2. Broccoli waschen, dicken Strunk entfernen und in kleine Röschen teilen. Im Salzwasser etwa 8 Minuten kochen und abseihen; gut abtropfen lassen.
3. Schinken feinnudelig schneiden und alle Zutaten gut vermengen.
4. Überguß: Gervais mit Rahm und Eiern glattrühren, mit Kräutersalz, Pfeffer und Muskat würzen.
5. Nudelmasse in eine befettete Auflaufform füllen und Überguß darüber verteilen. Im vorgeheizten Rohr bei 200 Grad 35 Minuten backen.
6. Mit THEA-Flocken und Emmentaler bestreuen, noch 10 Minuten bei gleicher Temperatur weiterbacken.

40 dag Spaghetti
Salz
50 dag Broccoli
Salz
40 dag Preßschinken

Überguß:
20 dag Gervais
$^1/_4$ l Sauerrahm
2 Eier
Kräutersalz
Pfeffer
Muskat
THEA für die Form
4 dag THEA-Flocken
10 dag Emmentaler, geraffelt

Makkaroni-Spinat-Gratin

(4 Portionen)

25 dag Makkaroni
Salz
60 dag IGLO-Blattspinat
30 dag Schafkäse
THEA für die Form

Überguß:
2 Becher Crème fraîche
5 dag Parmesan, gerieben
3 Eier
2 Knoblauchzehen, zerdrückt
Kräutersalz
Pfeffer

1. Makkaroni in Salzwasser bißfest kochen, abseihen und gut abtropfen lassen.
2. Aufgetauten Spinat gut ausdrücken, eventuell einmal durchschneiden und mit den Makkaroni vermengen.
3. Käse kleinwürfelig schneiden und daruntermischen.
4. Masse in eine befettete Auflaufform füllen.
5. Überguß: Crème fraîche mit Eiern, Parmesan und Knoblauch vermengen und mit Kräutersalz und Pfeffer würzen. Über der Nudelmasse verteilen. Im vorgeheizten Rohr bei 200 Grad ca. 40 Minuten backen.

Italienisches Gemüsegratin

(4 Portionen)

18 dag Spiralen
Salz
30 dag Zucchini
30 dag Melanzani
BONA-Öl zum Braten

Überguß:
3 dag THEA
3 dag glattes Mehl
1/8 l Rindsuppe (Würfelsuppe)
1/8 l Milch
2 Eßlöffel Paradeismark
1 Kaffeelöffel süßes Paprikapulver
3 Knoblauchzehen, zerdrückt
Oregano
Salz, Pfeffer

3 Paradeiser (etwa 20 dag)
15 dag Mozzarella
THEA für die Form
Pfeffer, frisch gemahlen
Basilikum zum Bestreuen

1. Spiralen in Salzwasser bißfest kochen, abseihen und gut abtropfen lassen.
2. Zucchini und Melanzani waschen, in dünne Scheiben schneiden, in BONA-Öl beidseitig kurz anbraten und auf Küchenkrepp gut abtropfen lassen.
3. Überguß: THEA zerlassen, Mehl darin kurz anrösten und mit Rindsuppe und Milch aufgießen. Paradeismark und Paprikapulver zufügen und unter ständigem Rühren einige Minuten kochen lassen. Sauce mit Knoblauch, Oregano, Salz und Pfeffer würzen.
4. Paradeiser waschen, Mozzarella gut abtropfen lassen und beides in dünne Scheiben schneiden.
5. Alle Zutaten dachziegelartig in eine befettete Gratinierform geben, mit der Sauce übergießen und mit Pfeffer und Basilikum bestreuen. Im vorgeheizten Rohr bei 180 Grad ca. 35 Minuten backen.

Karfiol-Makkaroni-Gratin
(4 Portionen)

1. Makkaroni in reichlich Salzwasser bißfest kochen; abseihen.
2. Karfiol in kleine Röschen teilen, waschen und in Salzwasser weich kochen; abseihen.
3. Putenschinken feinnudelig schneiden, mit Nudeln und Karfiolröschen gut vermengen und in eine befettete Gratinierform füllen.
4. Übergußsauce: Obers mit Dottern gut verrühren und bei geringer Hitze unter ständigem Rühren zu einer cremigen Konsistenz kochen.
5. Sauce von der Hitze nehmen, Parmesan und Thymian einrühren, mit Salz, Pfeffer und Muskat würzen.
6. Sauce über den übrigen Zutaten verteilen und im vorgeheizten Rohr bei 200 Grad ca. 20 Minuten backen.

40 dag Makkaroni
Salz
1 großer Karfiol
Salz
20 dag Putenschinken
THEA für die Form

Übergußsauce:
1/4 l Schlagobers
3 Dotter
5 dag Parmesan, gerieben
2 Eßlöffel Thymian, gehackt
Salz
Pfeffer
Muskat

Nudel-Gorgonzola-Gratin
(4 Portionen)

1. Nudeln in reichlich Salzwasser bißfest kochen, abseihen und gut abtropfen lassen.
2. Lauch waschen, putzen, in dünne Ringe schneiden, in zerlassener THEA kurz anrösten, mit Wein ablöschen und einige Minuten kochen lassen.
3. Lauch abseihen, mit den Nudeln vermengen, etwas salzen und in eine befettete Gratinierform füllen.
4. Abgeseihte Flüssigkeit mit Crème fraîche und Milch aufkochen lassen.
Gorgonzola mit einer Gabel zerdrücken, mit Erdäpfelmehl und 1/16 l Wasser glattrühren, in die Milch einkochen und unter ständigem Rühren zu einer cremigen Konsistenz einkochen. Mit etwas Salz und Pfeffer würzen, über den Nudeln verteilen und im vorgeheizten Rohr bei 200 Grad ca. 35 Minuten backen.

40 dag grüne Bandnudeln
Salz
1 kg Lauch
8 dag THEA
1/4 l trockener Weißwein
THEA für die Form
2 Becher Crème fraîche
1/8 l Milch
25 dag Gorgonzola
1 Eßlöffel Erdäpfelmehl
Salz
Pfeffer

Süßes Nudelgratin

(4 Portionen)

18 dag Bandnudeln
Salz
5 dag THEA
1/4 l Schlagobers
10 dag weiße Schokolade
2 Dotter
1/16 l Eierlikör
25 dag Erdbeeren
3 dag Pistazien, gehackt
Staubzucker zum Bestreuen

1. Nudeln in Salzwasser bißfest kochen, abseihen, abtropfen lassen und mit zerlassener THEA gut vermengen.
2. Obers aufkochen, Schokolade zerkleinern, dazugeben und unter ständigem Rühren darin schmelzen.
3. Schoko-Obers von der Hitze nehmen, Dotter und Eierlikör unterrühren.
4. Nudeln in feuerfeste tiefe Teller oder Portions-Gratinförmchen geben, mit halbierten Erdbeeren belegen und Schoko-Obers darüber verteilen.
5. Im vorgeheizten Rohr auf oberster Schiene bei 200 Grad ca. 20 Minuten backen.
6. Mit Pistazien und Zucker bestreuen.

Beilagen

Folienerdäpfel

(4 Portionen)

4 große mehlige Erdäpfel
Salz
$\frac{1}{8}$ l Sauerrahm
$\frac{1}{2}$ Bund Schnittlauch, geschnitten
Salz
Pfeffer

1. Erdäpfel gut waschen (eventuell auch bürsten), mit Salz einreiben und in Alufolie einwickeln.
2. Im vorgeheizten Backrohr bei 200 Grad 1 Stunde backen.
3. Erdäpfel aus der Folie wickeln, Oberseite länglich einschneiden und etwas auseinanderziehen.
4. Rahm mit Schnittlauch vermengen, mit Salz und Pfeffer würzen und Erdäpfel damit füllen.

Macaire-Erdäpfel

(4 Portionen)

80 dag mehlige Erdäpfel
Salz
4 dag THEA
Salz
Pfeffer
Muskat
THEA zum Backen

1. Erdäpfel schälen, vierteln und in Salzwasser weich kochen, abseihen und ausdampfen lassen.
2. Noch heiß durch die Erdäpfelpresse drücken und mit weicher THEA gut vermengen.
3. Mit Salz, Pfeffer und Muskat würzen.
4. THEA in einer Pfanne zerlassen, mit einem Eßlöffel Nocken von der Erdäpfelmasse abstechen und beidseitig goldbraun backen.

Wein-Erdäpfel

(4 Portionen)

60 dag festkochende Erdäpfel
3 Zwiebeln
5 Eßlöffel BONA-Öl
$\frac{1}{4}$ l trockener Weißwein
Salz
Pfeffer

1. Erdäpfel schälen und in ca. $\frac{1}{2}$ cm dicke Scheiben schneiden.
2. Zwiebeln schälen und achteln.
3. Öl erhitzen, Erdäpfel und Zwiebeln darin unter ständigem Wenden anbraten.
4. Mit Wein aufgießen und mit Salz und Pfeffer würzen.
5. Erdäpfel bei geringer Hitze weich dünsten.

Anmerkung

Sollten die Erdäpfel beim Dünsten mehr Flüssigkeit aufnehmen als angegeben, mit etwas Rindsuppe aufgießen.

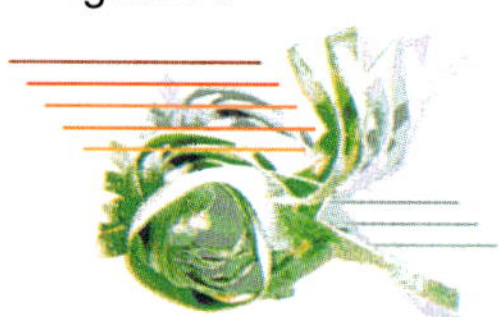

Waldviertler Knödel

(4 Portionen)

1. Hälfte der Erdäpfel kochen, schälen, erkalten lassen und fein reiben.
2. Restliche Erdäpfel schälen und in kaltes Wasser reiben; kurz stehen lassen; durch ein Leinentuch abseihen und mit Hilfe des Tuchs gut ausdrücken.
3. Zu den gekochten Erdäpfeln geben.
4. Wasser abgießen, abgesetzte Stärke vom Schüsselboden lösen, mit Grieß und Erdäpfelmehl zu den Erdäpfeln geben, salzen und alles rasch zu einem Teig verarbeiten.
5. Mit befeuchteten Händen Knödel formen, in kochendes Salzwasser einlegen, Hitze zurücknehmen und 15 bis 20 Minuten schwach kochen lassen.

1 kg mehlige Erdäpfel
4 dag Weizengrieß
2 Eßlöffel Erdäpfelmehl
Salz

Erdäpfel-Schnitzel

(4 Portionen)

1. Erdäpfel kochen, schälen und auskühlen lassen.
2. Der Länge nach in 1 cm breite Scheiben schneiden und mit Salz und Pfeffer würzen.
3. Mit Mehl, verquirlten Eiern und Bröseln panieren.
4. BONA-Öl fingerdick in eine Pfanne gießen, erhitzen und Schnitzel darin knusprig ausbacken.

60 dag mehlige Erdäpfel
Salz
Pfeffer
Mehl zum Wenden
2 bis 3 Eier
Semmelbrösel zum Wenden
BONA-Öl zum Ausbacken

Griechische Erdäpfel

(4 Portionen)

1. Erdäpfel kochen, schälen und vierteln.
2. Olivenöl erhitzen, Erdäpfel darin rundherum anbraten.
3. Mit Salz und Pfeffer würzen.
4. Knoblauch in dünne Blättchen schneiden und mit frischen Kräutern zu den Erdäpfeln geben, einige Minuten weiterbraten, THEA-Flocken darüber verteilen und gut vermengen.

1 kg speckige Erdäpfel
5 Eßlöffel Olivenöl
Salz
Pfeffer
4 Knoblauchzehen, geschält
1 Eßlöffel Oregano, gehackt
1 Eßlöffel Basilikum, gehackt
3 dag THEA

Patate al forno

(4 Portionen)

8 größere, mehlige Erdäpfel
Salz
THEA für das Blech
5 dag THEA
1/8 l Schlagobers
Salz
5 dag Parmesan, frisch gerieben

1. Erdäpfel gründlich waschen, einen Deckel abschneiden, Schnittfläche salzen, auf ein befettetes Backblech legen und bei 180 Grad 1 Stunde braten.
2. Erdäpfel mit einem Kaffeelöffel aushöhlen.
3. Weiche THEA und Obers zugeben, salzen und zu einem glatten Püree verarbeiten.
4. Püree in einen Spritzsack füllen und in die ausgehöhlten Erdäpfel spritzen.
5. Erdäpfel wieder auf das Backblech setzen, mit Käse bestreuen und im vorgeheizten Backrohr auf oberster Schiene bei 220 Grad ca. 5 Minuten überbacken.

Erdäpfelpüree

(4 Portionen)

1 kg mehlige Erdäpfel
Salz
5 dag THEA
3/8 l Milch (oder Milch-Obers-Gemisch)
Salz
Muskat

1. Erdäpfel schälen, großwürfelig schneiden und in Salzwasser weich kochen; abseihen und heiß durch die Erdäpfelpresse drücken.
2. THEA und heiße Milch zugeben und mit einem Schneebesen gut durchrühren.
3. Püree mit Salz und Muskat abschmecken.

Gnocchi

(4–6 Portionen)

50 dag mehlige Erdäpfel
3 dag THEA
3 Dotter
8 dag Parmesan, gerieben
10 dag glattes Mehl
Salz
Muskat

Mehl zum Ausarbeiten
Salz
5 dag THEA zum Schwenken

1. Erdäpfel kochen, schälen, heiß durch die Erdäpfelpresse drücken und auskühlen lassen.
2. THEA, Dotter, Parmesan und Mehl zugeben, würzen und alles zu einem glatten Teig verarbeiten.
3. Teig teilen, beide Stücke auf einer bemehlten Arbeitsfläche zu 2 cm dicken Rollen formen.
4. Teigrollen in 2 cm lange Stücke schneiden und diese mit einer bemehlten Gabel einkerben.
5. Gnocchi in kochendes Salzwasser einlegen, ca. 5 Minuten kochen lassen, abseihen, kurz abschwemmen und in zerlassener THEA schwenken.

Maroni-Erdäpfel-Buchteln

(4–6 Portionen)

Fülle:
20 dag Maroni
$\frac{1}{8}$ l Schlagobers

Teig:
20 dag mehlige Erdäpfel
30 dag glattes Mehl
2 Dotter
5 dag THEA
$\frac{1}{8}$ l Milch
2 dag frische Germ
1 Kaffeelöffel Honig
$\frac{1}{2}$ Kaffeelöffel Salz

Mehl zum Ausarbeiten
THEA für die Form
5 dag THEA zum Bestreichen

1. Fülle: Maroni an der runden Seite einschneiden, 10 Minuten in Wasser kochen, abseihen, schälen und grob hacken.
2. Obers aufkochen, Maroni dazugeben, bei schwacher Hitze 10 bis 12 Minuten kochen und vollständig auskühlen lassen.
3. Teig: Erdäpfel kochen, schälen und heiß durch die Erdäpfelpresse drücken.
4. Mehl mit Erdäpfeln, Dottern, zerlassener THEA und lauwarmer Milch in eine Schüssel geben.
5. Germ mit Honig glattrühren, Maroni und Salz beigeben und alles rasch zu einem glatten Teig verarbeiten.
6. Zugedeckt an einem warmen Ort ca. 30 Minuten gehen lassen.
7. Teig auf einer bemehlten Arbeitsfläche nochmals durchkneten, zu einer Rolle formen und diese in 12 Stücke teilen.
8. Teigstücke zu Kugeln formen und in eine befettete Backform einlegen.
9. Mit zerlassener THEA bestreichen und zugedeckt nochmals 15 Minuten gehen lassen.
10. Im vorgeheizten Backrohr bei 180 Grad 40 Minuten backen.

Schweizer Rösti

(4 Portionen)

70 dag festkochende Erdäpfel
Salz
Pfeffer
2 Zwiebeln
THEA zum Braten

1. Erdäpfel ca. 20 Minuten kochen lassen (sollten innen noch einen harten Kern haben); schälen und erkalten lassen.
2. Erdäpfel grob raffeln und mit Salz und Pfeffer würzen.
3. Zwiebeln schälen, fein hacken, Hälfte davon in zerlassener THEA anrösten.
4. Hälfte der Erdäpfel darüber verteilen, mit einer Bratschaufel leicht an den Pfannenboden drücken und knusprig anbraten.
5. Mit Hilfe eines flachen Deckels wenden, die andere Seite ebenfalls knusprig braten. Vorgang mit den restlichen Zutaten wiederholen.

Grieß-Erdäpfelknödel
(4 Portionen)

1. Erdäpfel kochen, schälen und heiß durch die Erdäpfelpresse drücken.
2. Speck kleinwürfelig schneiden und ohne Fett knusprig anrösten; überkühlen lassen.
3. Erdäpfel mit Speck, Grieß, Dottern, Erdäpfelmehl, THEA und Salz zu einem glatten Teig verarbeiten.
4. Aus dem Teig mit bemehlten Händen kleine Knödel formen und in kochendes Salzwasser einlegen, Hitze zurücknehmen, 15 Minuten köcheln lassen.
5. Knödel aus dem Wasser heben, gut abtropfen lassen, in zerlassener THEA rundherum anbraten und in Petersilie wälzen.

50 dag mehlige Erdäpfel
8 dag Hamburgerspeck
8 dag Weizengrieß
2 Dotter
4 dag Erdäpfelmehl
4 dag THEA
Salz
Mehl zum Formen
Salz
5 dag THEA zum Braten
1 Bund Petersilie, gehackt

Erdäpfelcrêpes
(4 Portionen)

1. Erdäpfel schälen, großwürfelig schneiden und in Salzwasser weich kochen; abseihen.
2. Erdäpfel durch ein feines Haarsieb streichen, mit Milch vermengen und erkalten lassen.
3. Mehl, Eier und Crème fraîche untermengen und mit Salz und Muskat abschmecken.
4. THEA in einer Pfanne schmelzen, 2 Eßlöffel Masse hineingeben, mit dem Eßlöffel verstreichen, Crêpes backen.

30 dag mehlige Erdäpfel
Salz
$^1/_8$ l Milch
5 dag glattes Mehl
3 Eier
2 Eßlöffel Crème fraîche
Salz
Muskat
THEA zum Backen

Erdäpfelpuffer
(4 Portionen)

1. Erdäpfel schälen, grob raffeln und sofort mit Eiern, Knoblauch, Salz und Pfeffer vermengen.
2. Mit befeuchteten Händen Laibchen formen und in heißer THEA beidseitig knusprig braten. Während des Bratens Puffer immer wieder mit einer Bratschaufel etwas zusammendrücken.

80 dag speckige Erdäpfel
3 Eier
4 Knoblauchzehen, zerdrückt
Salz
Pfeffer
THEA zum Braten

Spritzerdäpfel

(4 Portionen)

60 dag mehlige Erdäpfel
3 Dotter
5 dag THEA
Salz
Muskat
THEA für das Backblech
1 Dotter
1 Eßlöffel Obers

1. Erdäpfel schälen, vierteln und in Salzwasser weich kochen, abseihen, ausdampfen lassen und durch ein feines Sieb oder durch die Flotte Lotte passieren.
2. Dotter und THEA zugeben, mit Salz und Muskat würzen und zu einer glatten festen Masse verarbeiten.
3. Masse in einen Spritzsack mit gezackter Tülle füllen und auf ein befettetes Backblech kleine Rosetten aufspritzen.
4. Erdäpfelrosetten etwas antrocknen lassen.
5. Dotter mit Obers verquirlen, Rosetten damit vorsichtig bestreichen und im vorgeheizten Backrohr bei 220 Grad 15 Minuten backen.

Erdäpfelschmarren

(4 Portionen)

80 dag mehlige Erdäpfel
10 dag Zwiebel
8 dag THEA
Salz

1. Erdäpfel waschen, kochen (dämpfen), schälen, blättrig schneiden.
2. Zwiebel fein hacken, in heißer THEA goldgelb rösten, Erdäpfel zugeben, salzen, gut anbräunen lassen.

Pommes frites

(4 Portionen)

80 dag große Erdäpfel
BONA-Öl zum Ausbacken
Salz

1. Erdäpfel waschen, schälen, in fingerdicke Stäbchen schneiden, in kaltes Wasser legen.
2. Öl erhitzen, 2 Handvoll Erdäpfelstäbchen auf ein Geschirrtuch legen, gut abtrocknen, ins heiße Öl geben (Erdäpfel müssen sofort schwimmen), rasch hellgelb backen, herausnehmen, auf Küchenpapier legen, den Arbeitsvorgang fortsetzen, bis alle Erdäpfelstäbchen vorgebacken sind.
3. Alle Erdäpfelstäbchen auf einmal ins heiße Öl geben, hellbraun backen, herausnehmen, abtropfen, salzen.

Erdäpfelknödel
(4–6 Portionen)

1. Erdäpfel kochen, schälen und noch heiß durch die Erdäpfelpresse drücken.
2. Mit Mehl, Dottern, THEA und Grieß sowie Salz rasch zu einem glatten Teig verarbeiten.
3. Teig auf einer bemehlten Arbeitsfläche zu einer dickeren Rolle formen, in Stücke teilen und diese zu Knödeln formen.
4. In kochendes Salzwasser einlegen, Hitze zurücknehmen und 10 bis 15 Minuten leicht kochen lassen.

1 kg mehlige Erdäpfel
25 dag griffiges Mehl
2 Dotter
3 dag THEA
3 dag Weizengrieß
Salz
Mehl zum Ausarbeiten
Salz

Erdäpfelkroketten
(6 Portionen)

1. Erdäpfel in Salzwasser weich kochen, abseihen und im warmen Rohr noch etwas übertrocknen; passieren, salzen, würzen, auskühlen lassen, mit zerlassener THEA, Dottern und Mehl zu einem festen Teig verarbeiten.
2. Kleine dicke Würstchen formen, in Ei und Bröseln panieren und schwimmend in heißem Öl goldbraun backen.

1 kg rohe Erdäpfel, geschält, geviertelt
8 dag THEA
3 Dotter
ca. 12 dag Mehl
Salz, Muskat, Rosmarin
1 Ei
Brösel

BONA-Öl zum Ausbacken

Braterdäpfel
(4–6 Portionen)

1. Erdäpfel waschen, kochen, schälen, vierteln.
2. Erdäpfelviertel in heiße THEA legen, zugedeckt rasch goldbraun braten, Fett abtropfen lassen, salzen.

1 kg speckige Erdäpfel
10 dag THEA
Salz

Petersilerdäpfel
(4 Portionen)

Erdäpfel waschen, kochen (dämpfen), schälen, vierteln (kleinere nur halbieren), in heißer THEA schwenken, salzen, mit Petersilie bestreuen, gut durchmengen.

75 dag speckige Erdäpfel
4 dag THEA
Salz
1 Bund Petersilie, fein gehackt

Gedünsteter Reis

(4 Portionen)

1 Zwiebel
4 Gewürznelken
5 dag THEA
18 dag Rundkornreis
$^{3}/_{4}$ l Rindsuppe oder Wasser
Salz

1. Zwiebel schälen und mit Gewürznelken spicken.
2. THEA zerlassen, Reis dazugeben, kurz durchrühren und mit Wasser oder Rindsuppe aufgießen.
3. Gespickte Zwiebel beigeben und salzen.
4. Reis zugedeckt bei schwacher Hitze 20 bis 25 Minuten dünsten; während des Dünstens den Reis mit einer Gabel des öfteren auflockern.

Curryreis

(4 Portionen)

1 Zwiebel
4 dag THEA
18 dag Langkornreis
1 Eßlöffel Curry
$^{3}/_{4}$ l Rindsuppe (Würfelsuppe)
Salz

1. Zwiebel schälen, kleinwürfelig schneiden, in zerlassener THEA anrösten, Reis zugeben, kurz mitrösten.
2. Curry darüberstreuen und sofort mit Rindsuppe aufgießen, salzen und bei geringer Hitze zugedeckt 20 bis 25 Minuten dünsten lassen; des öfteren mit einer Gabel auflockern.

Anmerkung

Der Reis kann auch mit gerösteten Mandelblättchen, Ananas- oder gedünsteten Apfelwürfeln vermengt werden.

Safranreis

(4 Portionen)

5 dag THEA
18 dag Langkornreis
$^{3}/_{4}$ l Rindsuppe (Würfelsuppe)
1 Briefchen Safranfäden
Salz

1. THEA heiß werden lassen, Reis zugeben, kurz darin anlaufen lassen und mit Suppe aufgießen.
2. Safran zufügen und salzen.
3. Reis zugedeckt bei geringer Hitze 20 bis 25 Minuten dünsten; des öfteren mit einer Gabel auflockern.

Reiskroketten

(4 Portionen)

1. Reis in zerlassener THEA kurz anrösten, mit Rindsuppe aufgießen und salzen.
2. Zugedeckt bei geringer Hitze etwa 25 Minuten dünsten; vollständig auskühlen lassen.
3. Reis mit Ei und Parmesan gut vermengen.
4. Masse mit Salz, Pfeffer und Muskat würzen.
5. Von der Reismasse mit einem Eßlöffel Portionen abstechen und mit nassen Händen zu Kroketten formen.
6. Mit verquirlten Eiern und Bröseln panieren.
7. Kroketten in BONA-Öl herausbacken und auf Küchenkrepp abtropfen lassen.

20 dag Rundkornreis
5 dag THEA
$^3/_4$ l Rindsuppe (Würfelsuppe)
Salz
1 Ei
8 dag Parmesan, frisch gerieben
Salz
Pfeffer
Muskat
2 bis 3 Eier
Semmelbrösel zum Panieren
BONA-Öl

Letschoreis
(4 Portionen)

1 Zwiebel
1 rote Paprikaschote
1 grüne Paprikaschote
5 dag THEA
18 dag Langkornreis
$^3/_4$ l Rindsuppe (Würfelsuppe)
2 Knoblauchzehen, zerdrückt
Salz
1 Fleischparadeiser (ca. 20 dag)
$^1/_2$ Bund Petersilie, gehackt

1. Zwiebel schälen und grob hacken.
2. Paprikaschoten waschen, entkernen und in feine Streifen schneiden.
3. THEA zerlassen, Gemüse darin anrösten, Reis zugeben, gut durchrühren und mit Rindsuppe aufgießen; mit Knoblauch und Salz würzen; zugedeckt bei geringer Hitze ca. 15 Minuten dünsten.
4. Paradeiser kreuzweise einschneiden, blanchieren, schälen, Kerne ausdrücken, kleinwürfelig schneiden.
5. Paradeiswürfel mit Petersilie zum Reis geben, Reis von der Hitze nehmen und 5 Minuten zugedeckt rasten lassen.

Pilafreis
(4 Portionen)

1 Zwiebel
5 dag THEA
18 dag Langkornreis
$^3/_4$ l Rindsuppe (Würfelsuppe)
3–4 Gewürznelken
Salz

1. Zwiebel schälen, kleinwürfelig schneiden und in zerlassener THEA anrösten.
2. Reis zugeben, kurz mitrösten und mit Rindsuppe aufgießen.
3. Gewürznelken zufügen und mit Salz würzen.
4. Zugedeckt bei geringer Hitze 20 bis 25 Minuten dünsten; Gewürznelken entfernen. (Der Reis kann auch im Backrohr, zugedeckt, bei 180 Grad gedünstet werden.)

Risipisi
(4 Portionen)

1 Zwiebel
3 dag THEA
18 dag Langkornreis
$^3/_4$ l Rindsuppe
Salz
1 kleines Paket IGLO-Erbsen
3 dag THEA

1. Zwiebel schälen, kleinwürfelig schneiden und in zerlassener THEA anrösten.
2. Reis zugeben, kurz mitrösten und mit Rindsuppe aufgießen; salzen.
3. Zugedeckt im vorgeheizten Backrohr bei 180 Grad ca. 15 Minuten dünsten.
4. Erbsen und THEA zufügen und weitere 20 Minuten dünsten.

Bandnudeln

(4–6 Portionen)

20 dag griffiges Mehl
20 dag glattes Mehl
3 Dotter
2 Eier
2 Eßlöffel BONA-Öl
Salz
Mehl zum Ausarbeiten
Salz
etwa 8 dag THEA zum Schwenken

1. Beide Mehlsorten vermischen, auf eine Arbeitsfläche sieben und eine Mulde eindrücken.
2. Eier mit Dottern und Öl verquirlen und in die Mulde gießen; salzen.
3. Alle Zutaten gut miteinander vermengen und zu einem glatten Teig verarbeiten.
4. Teigkugel in Klarsichtfolie wickeln und 30 Minuten rasten lassen.
5. Teigkugel teilen und beide Teigstücke nacheinander auf einer bemehlten Arbeitsfläche messerrückendick auswalken.
6. Teigplatten 8 bis 10 Minuten antrocknen lassen und anschließend in 1 cm breite Nudeln schneiden.
7. Nudeln in kochendes Salzwasser geben und 2 bis 3 Minuten kochen; abseihen und in zerlassener THEA schwenken.

Tip

Der Nudelteig kann auch eingefärbt werden, z. B.:
grün: mit passiertem jungen Spinat
gelb: mit Saft von Safranfäden oder Kurkuma
rot: mit Paradeismark oder Rote-Rüben-Saft
braun: mit Kakao oder geschmolzener Schokolade
schwarz: mit Tintenfischtinte

Anmerkung

Nach dem Schneiden können getrocknete Nudeln in einem geschlossenen Gefäß einige Monate aufbewahrt werden.

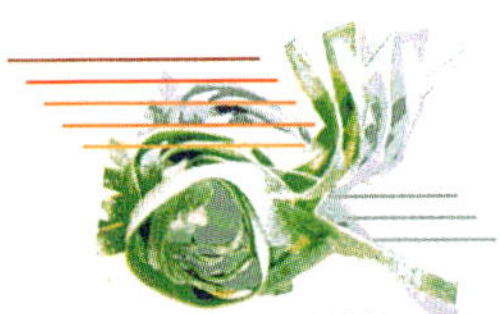

Spätzle

(4 Portionen)

30 dag griffiges Mehl
1/4 l Wasser
2 Eier
Salz
THEA zum Schwenken

1. Mehl, Wasser, Eier und Salz verrühren (nicht abschlagen), 10 Minuten ziehen lassen.
2. Den Teig durch ein Spätzlesieb in kochendes Salzwasser drücken, kurz aufkochen lassen, abseihen, mit kaltem Wasser abschrecken und in heißer THEA schwenken.

Käsespätzle:

Spätzle abwechselnd mit 15 dag geriebenem Käse (jede Art von Hartkäse) schichtweise in eine befettete feuerfeste Form geben, mit in THEA gerösteter Zwiebel (1 große Zwiebel) belegen, im Rohr gut durchwärmen.

Knusprige Spaghetti-Omeletten

(4 Portionen)

15 dag dünne Spaghetti
Salz
2 Eier
Salz
Pfeffer
THEA zum Braten

1. Spaghetti in reichlich Salzwasser bißfest kochen und abseihen. (Spaghetti nicht abschwemmen.)
2. Eier verquirlen und mit Salz und Pfeffer würzen.
3. Spaghetti mit den Eiern gut vermengen und zugedeckt ca. 10 Minuten ziehen lassen.
4. THEA in einer Pfanne erhitzen.
5. Jeweils einige Spaghetti mit einer Gabel aufrollen, in die Pfanne geben, mit einer Gabel etwas flachdrücken und beidseitig knusprig braten.

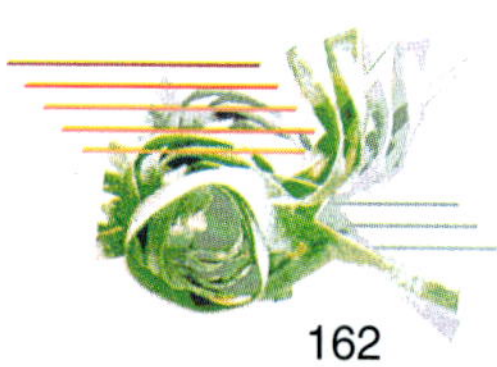

Steinpilznudeln

(4–6 Portionen)

3 dag getrocknete Steinpilze
30 dag glattes Mehl
3 Eier
1 Eiklar
1 Eßlöffel Zitronensaft
Salz
Mehl zum Ausarbeiten
Salz
5 dag THEA zum Schwenken

1. Steinpilze fein mahlen (z. B. mit der Moulinette oder mit einer Kaffeemühle bzw. mit dem Mörser fein zerdrücken).
2. Mit Mehl, Eiern, Eiklar, Zitronensaft und Salz rasch zu einem glatten Teig verarbeiten, in Folie wickeln und etwa 1 Stunde rasten lassen.
3. Teig auf einer bemehlten Arbeitsfläche messerrückendick auswalken, einige Minuten antrocknen lassen und in $^{1}/_{2}$ cm breite Nudeln schneiden.
4. Nudeln in kochendes Salzwasser geben und 3 bis 4 Minuten kochen lassen, abseihen und in zerlassener THEA schwenken.

Anmerkung

Die Nudeln sehen besonders schön aus, wenn man sie mit dem Teigrad schneidet.

Buchweizennudeln

(4–6 Portionen)

20 dag Buchweizenmehl
20 dag glattes Mehl
3 Eier
4 Eßlöffel BONA-Öl
Salz
Mehl zum Ausarbeiten
Salz
etwa 8 dag THEA zum Schwenken

Beide Mehlsorten mit Eiern, Öl, Salz und 3 bis 5 Eßlöffeln lauwarmem Wasser zu einem glatten Teig verarbeiten.
2. Teig in Klarsichtfolie wickeln und 30 Minuten rasten lassen.
3. Teig auf einer bemehlten Arbeitsfläche messerrückendick auswalken, in $^{1}/_{2}$ cm dicke Nudeln schneiden und diese 10 bis 15 Minuten antrocknen lassen.
4. Nudeln in reichlich kochendes Salzwasser geben und bißfest kochen, abseihen und in zerlassener THEA schwenken.

Anmerkung

Dieser Teig eignet sich auch zur Herstellung von Ravioli.

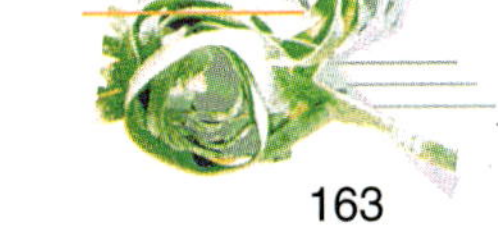

Nockerln

(4 Portionen)

30 dag griffiges Mehl
5 dag THEA
2 Eier
$^{1}/_{4}$ l Milch
Salz
THEA zum Schwenken

1. THEA cremig rühren, Eier, Mehl und die übrigen Zutaten daruntermischen und gut abschlagen.
2. Mit Hilfe eines Nockerlbretts oder eines Kaffeelöffels Nockerln in kochendes Salzwasser einlegen, kurz aufkochen lassen.
3. Nockerln abseihen, mit kaltem Wasser abschrecken und in heißer THEA schwenken.

Tip

Nockerlteig kann mit Spinat oder Paradeismark gefärbt werden; dabei die Milch etwas reduzieren.

Schnelles

Erdäpfel mit Mozzarella

(2 Portionen)

40 dag festkochende Erdäpfel
5 dag THEA
15 dag Preßschinken
3 dag THEA
2 Knoblauchzehen, zerdrückt
Rosmarin
Salz
Pfeffer
12 dag Mozzarella
$^1/_2$ Bund Petersilie, gehackt

1. Erdäpfel schälen, in dünne Scheiben schneiden und in heißer THEA beidseitig knusprig braten.
2. Schinken kleinwürfelig schneiden, mit THEA zu den Erdäpfeln fügen und kurz mitrösten.
3. Mit Knoblauch, Rosmarin, Salz und Pfeffer würzen und unter ständigem Wenden 2 oder 3 Minuten weiterbraten.
4. Mozzarella kleinwürfelig schneiden, auf den Erdäpfeln verteilen, Pfanne von der Hitze nehmen, zudecken und so lange stehen lassen, bis der Käse geschmolzen ist.
5. Mit Petersilie bestreuen und sofort servieren.

Tortilla

(2 Portionen)

45 dag festkochende Erdäpfel
2 Knoblauchzehen
4 Eßlöffel BONA-Öl
$^1/_8$ l Rindsuppe
Salz
Pfeffer
4 dag THEA
5 Eier
Salz
Pfeffer

1. Erdäpfel schälen und in dünne Scheiben schneiden.
2. Knoblauch schälen und dünnblättrig schneiden.
3. Öl in einer Pfanne erhitzen, Erdäpfel darin kurz anbraten, Knoblauch dazugeben und mitbraten.
4. Mit Rindsuppe aufgießen und mit Salz und Pfeffer würzen.
5. Zugedeckt so lange dünsten, bis die Flüssigkeit zur Gänze verkocht ist.
6. THEA zufügen und schmelzen lassen.
7. Eier verquirlen, mit Salz und Pfeffer kräftig würzen, über die Erdäpfel gießen und bei geringer Hitze 2 bis 3 Minuten stocken lassen.
8. Tortilla in Stücke teilen und anrichten.

Tip

Dazu paßt vor allem Paradeissalat, aber auch Blattsalate schmecken vorzüglich.

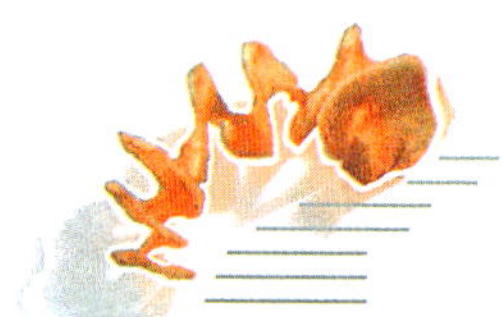

Scharfe Gemüse-Fleisch-Pfanne

(2 Portionen)

1. Erdäpfel schälen und in dünne Scheiben schneiden.
2. Zucchini waschen und in dünne Stifte schneiden.
3. Paprikaschote waschen, halbieren, entkernen und in dünne Streifen schneiden.
4. Melanzani waschen und in sehr dünne Scheiben schneiden.
5. Frühlingszwiebeln putzen (dunkles Blattgrün entfernen) und der Länge nach halbieren.
6. Öl in einer großen Pfanne erhitzen und das ganze Gemüse unter ständigem Wenden anbraten. Mit Rindsuppe aufgießen, mit Knoblauch, reichlich Chilisauce und Salz würzen und so lange kochen lassen, bis die Flüssigkeit zur Gänze verkocht ist.
7. Fleisch in dünne Streifen schneiden, mit Salz und Pfeffer würzen. In heißem Öl rasch braten und unter das Gemüse mengen.
8. Gemüsepfanne anrichten und mit Schnittlauch bestreuen.

15 dag speckige Erdäpfel
1 kleine Zucchini (ca. 10 dag)
1 rote Paprikaschote
10 dag Melanzani
1 Bund Frühlingszwiebeln
5 Eßlöffel BONA-Öl
1/8 l Rindsuppe
3 Knoblauchzehen, zerdrückt
Chilisauce
Salz
1 dickere Scheibe Beiried (ca. 25 dag)
Salz
Pfeffer
3 Eßlöffel BONA-Öl
1 Bund Schnittlauch, fein geschnitten

Bauernomelette

(2 Portionen)

1. Erdäpfel schälen, kleinwürfelig schneiden und in zerlassener THEA unter ständigem Wenden knusprig braten.
2. Zwiebel schälen und in dünne Ringe schneiden.
3. Paprikaschote waschen, halbieren, entkernen und kleinwürfelig schneiden.
4. Speck kleinwürfelig schneiden und mit den übrigen Zutaten zu den Erdäpfeln geben; kurz mitbraten.
5. Eier verquirlen, mit Knoblauch, Salz und Pfeffer würzen, darübergießen und Eier stocken lassen.
6. Omelette teilen, jedes Stück einmal zusammenklappen, anrichten und mit Petersilie bestreuen.

20 dag speckige Erdäpfel
3 dag THEA
1 Zwiebel
1 grüne Paprikaschote
6 dag Frühstücksspeck
6 Eier
2 Knoblauchzehen, zerdrückt
Salz
Pfeffer
Petersilie, gehackt, zum Bestreuen

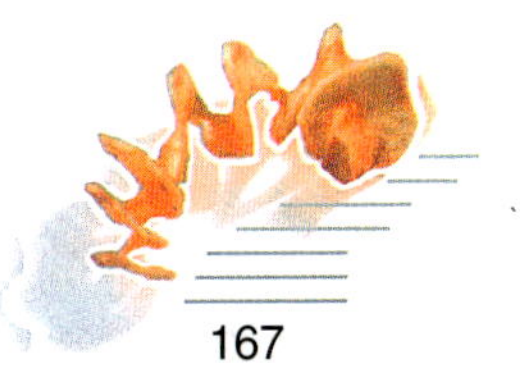

Gefüllte Erdäpfelscheiben

(2 Portionen)

4 größere Erdäpfel, gekocht
Salz
Pfeffer
2 Scheiben Emmentaler (à ca. 6 dag)
8 bis 10 dünne Scheiben Frühstücksspeck
THEA zum Braten
20 dag Paradeiser

1. Erdäpfel schälen, in 1/2 cm dicke Scheiben schneiden und mit Salz und Pfeffer würzen.
2. Jeweils zwei Erdäpfelscheiben mit einem Stück Käse füllen und mit je einer Speckscheibe umwickeln.
3. In heißer THEA bei mittlerer Hitze beidseitig so lange braten, bis der Käse zu schmelzen beginnt.
4. Paradeiser waschen, in dünne Scheiben schneiden, eventuell leicht salzen und mit den gebratenen Erdäpfeln anrichten.

Gefüllte Putenschnitzel

(2 Portionen)

15 dag Erdäpfel, gekocht
3 dag THEA
1 Dotter
2 Eßlöffel Petersilie, gehackt
1 Scheibe Rohschinken (ca. 8 dag)
Salz
Pfeffer
2 größere Putenschnitzel (à ca. 15 dag)
Salz
Pfeffer
Mehl zum Wenden
2 Eier
BONA-Öl zum Ausbacken

1. Erdäpfel schälen, mit einer Gabel zerdrücken und mit weicher THEA, Dotter und Petersilie vermengen.
2. Schinken fein hacken, dazugeben und mit Salz und Pfeffer würzen.
3. Schnitzel klopfen, salzen und pfeffern. Mit der Erdäpfelmasse bestreichen, einmal zusammenklappen und mit Zahnstochern zusammenstecken.
4. In Mehl und verquirlten Eiern wenden und in Öl ausbacken; auf Küchenkrepp abtropfen lassen und anrichten.

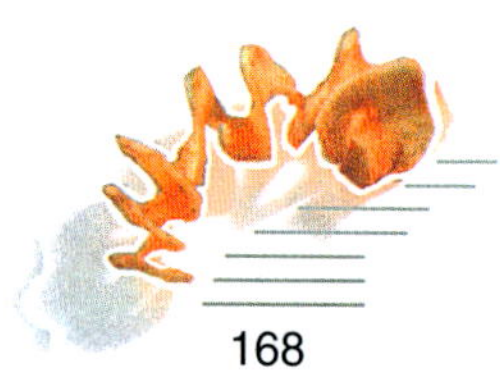

Schweinskoteletts mit Paradeiserdäpfeln

(2 Portionen)

1. Erdäpfel schälen und vierteln.
2. Lauch putzen, in feine Streifen schneiden und in zerlassener THEA anrösten; Erdäpfel dazugeben, unter ständigem Wenden mitbraten; Paradeiser samt Saft zufügen.
2. Mit Salz, Pfeffer, Knoblauch und Oregano würzen, bei mittlerer Hitze 15 Minuten dünsten lassen.
3. In der Zwischenzeit Koteletts mit Salz und Pfeffer würzen und beidseitig in THEA abbraten.
4. Koteletts mit den Paradeiserdäpfeln anrichten und mit gehackter Petersilie bestreuen.

15 dag festkochende Erdäpfel
10 dag Lauch
4 dag THEA
1 Dose geschälte Paradeiser (42 dag Füllgewicht)
Salz
Pfeffer
2 Knoblauchzehen, zerdrückt
Oregano
2 Schweinskoteletts (à ca. 15 dag)
Salz
Pfeffer
THEA zum Braten
Petersilie zum Bestreuen

Überbackene Knackwürste mit Blattspinat

(2 Portionen)

1. Backrohr auf 220 Grad vorheizen.
2. Geschälte Erdäpfel mit einer Gabel zerdrücken und mit weicher THEA, Käse und Schnittlauch vermengen; mit Thymian, Salz und Pfeffer würzen.
3. Knackwürste schälen, der Länge nach halbieren und Erdäpfelmasse mit Hilfe einer Gabel daraufstreichen.
4. In eine befettete Backform setzen und auf oberster Schiene bei 220 Grad 10 Minuten backen.
5. THEA zerlassen, aufgetauten Spinat darin erhitzen und mit Knoblauch, Salz und Pfeffer würzen. Knackwürste mit Spinat anrichten.

20 dag Erdäpfel, gekocht
3 dag THEA
6 dag Emmentaler, gerieben
1 Bund Schnittlauch, fein geschnitten
Thymian
Salz
Pfeffer
2 Knackwürste
THEA für die Form
1 Packung IGLO-Blattspinat
5 dag THEA
2 bis 3 Knoblauchzehen, zerdrückt
Salz
Pfeffer

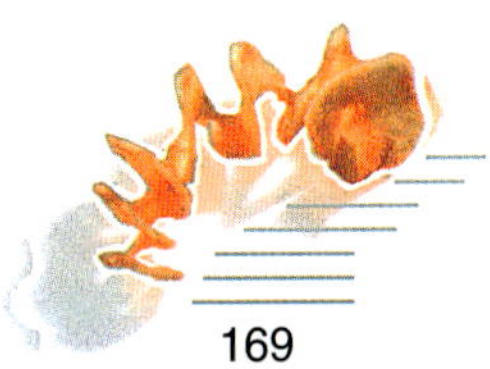

Schwammerlreis

(2 Portionen)

30 dag gemischte Pilze
8 dag Frühstücksspeck
4 dag THEA
12 dag Langkornreis
$^1/_2$ l Rindsuppe (Würfelsuppe)
Thymian
Salz
Pfeffer
$^1/_{16}$ l Schlagobers
Parmesan, gerieben

1. Pilze waschen, gut abtropfen lassen und grob hacken.
2. Speck kleinwürfelig schneiden und in zerlassener THEA anrösten, Pilze dazugeben und einige Minuten braten.
3. Reis beigeben, mit Rindsuppe aufgießen und mit Thymian, Salz und Pfeffer würzen.
4. Schwammerlreis zugedeckt bei mittlerer Hitze ca. 15 Minuten dünsten lassen.
5. Obers unterrühren, weitere 5 Minuten dünsten, anrichten und mit Parmesan bestreuen.

Anmerkung

Man kann den Schwammerlreis auch als Beilage zu gebratenem Fleisch servieren.

Schnelles Fischgulasch mit Reis

(2 Portionen)

1 Kochbeutel 10-Minuten-Reis
Salz
1 große Zwiebel
3 dag THEA
2 Eßlöffel Paradeismark
1 Eßlöffel edelsüßes Paprikapulver
$^1/_4$ l Rindsuppe (Würfelsuppe)
30 dag Seelachs oder Kabeljau
Majoran
Kümmel, gemahlen
2 Knoblauchzehen, zerdrückt
Salz
Pfeffer

1. 10-Minuten-Reis nach Packungsangabe kochen; warm stellen.
2. Zwiebel schälen, fein hacken und in zerlassener THEA anrösten.
3. Paradeismark und Paprikapulver dazugeben und sofort mit Rindsuppe aufgießen. Sauce bei mittlerer Hitze 10 Minuten verkochen lassen.
4. Fisch in Würfel schneiden, dazugeben und mit Majoran, Kümmel, Knoblauch, Salz und Pfeffer würzen; Gulasch weitere 10 Minuten kochen lassen.
5. Reis aus dem Kochbeutel nehmen und mit dem Gulasch anrichten.

Anmerkung

Wer das Gulasch sämiger haben möchte, kann die Sauce mit etwas Mehl eindicken.

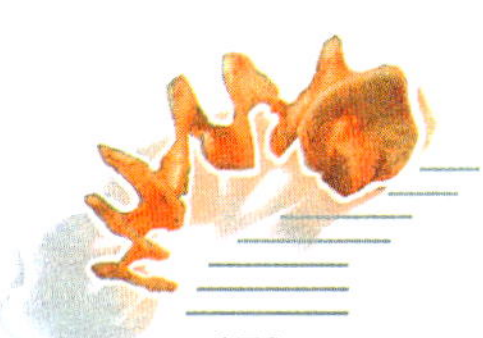

Gebratene Hühnerfilets mit Früchtereis

(2 Portionen)

1. 10-Minuten-Reis nach Packungsangabe kochen.
2. Apfel schälen, in dünne Spalten schneiden.
3. Banane schälen und in Scheiben schneiden.
4. Weintrauben gut waschen und abtropfen lassen.
5. THEA zerlassen, Früchte darin anbraten, Kokosflocken sowie Pfefferkörner dazugeben, Reis untermengen, salzen und bis zum Anrichten warm stellen.
6. Hühnerfilets mit Curry einreiben, mit Salz und Pfeffer würzen und in Stärkemehl wenden.
7. THEA zerlassen, Filets darin beidseitig anbraten und mit Rindsuppe aufgießen.
8. 5 Minuten dünsten lassen, Crème fraîche unterrühren und Sauce noch einmal aufkochen lassen; eventuell etwas salzen. Filets mit Reis und Sauce anrichten.

1 Kochbeutel 10-Minuten-Reis
Salz
1 kleiner Apfel (ca. 8 dag)
1 kleine Banane
8 dag Weintrauben
4 dag THEA
1 Eßlöffel Kokosflocken
1 Kaffeelöffel rosa Pfefferkörner
2 Hühnerfilets (à 12 dag)
Curry
Salz, Pfeffer
Stärkemehl zum Wenden
THEA zum Braten
1/8 l Rindsuppe (Würfelsuppe)
1 Eßlöffel Crème fraîche

Hühnerleber-Reis

(2 Portionen)

1 Kochbeutel 10-Minuten-Reis
Salz
8 dag Lauch
5 dag THEA
30 dag Hühnerleber
1/16 l trockener Rotwein
1/8 l Rindsuppe (Würfelsuppe)
Majoran
Salbei
Salz
Pfeffer
1/2 Bund Petersilie, gehackt

1. 10-Minuten-Reis nach Packungsangabe kochen und gut abtropfen lassen.
2. Lauch waschen, putzen, in dünne Ringe schneiden und in zerlassener THEA anrösten.
3. Hühnerleber großwürfelig schneiden, dazugeben und unter ständigem Wenden mitbraten.
4. Mit Rotwein ablöschen, mit Rindsuppe aufgießen und mit Majoran, Salbei, Salz und Pfeffer würzen.
5. Leber bei mittlerer Hitze ca. 10 Minuten dünsten, Reis und Petersilie zugeben, gut vermengen und sofort anrichten.

Orientalische Reispfanne

(2 Portionen)

30 dag Rindfleisch, faschiert
4 Eßlöffel BONA-Öl
1 große Karotte
12 dag Langkornreis
2 Eßlöffel Paradeismark
3/8 l Rindsuppe (Würfelsuppe)
Koriander, gemahlen
1 Eßlöffel Rosinen
1 dag Ingwer, geschält
Salz
Pfeffer
Koriander oder Petersilie zum Bestreuen

1. Faschiertes in heißem Öl rundherum anbraten.
2. Karotte putzen, grob raffeln, mit Reis zum Faschierten geben und kurz mitrösten.
3. Paradeismark einrühren und sofort mit Rindsuppe aufgießen.
4. Koriander, Rosinen und in Stifte geschnittenen Ingwer beifügen und mit Salz und Pfeffer würzen. Bei mittlerer Hitze ca. 15 Minuten dünsten.
5. Reispfanne anrichten und mit Koriander- oder Petersilienblättchen bestreuen.

TIP

Die Reispfanne schmeckt besonders pikant, wenn man sie zusätzlich mit Tabascosauce würzt.

Schinken-Reis-Gröstel

(2 Portionen)

1. 10-Minuten-Reis nach Packungsangabe kochen und gut abtropfen lassen.
2. Zwiebel schälen und in dünne Ringe schneiden.
3. Paprikaschote waschen, entkernen und in dünne Streifen schneiden.
4. Zucchini waschen und dünnblättrig schneiden.
5. THEA zerlassen und das ganze Gemüse unter ständigem Wenden einige Minuten darin anrösten.
6. Schinken in $^{1}/_{2}$ cm dicke Streifen schneiden, mit Reis zum Gemüse geben, mit Kräutern der Provence, Salz und Pfeffer würzen.
7. Gröstel einige Minuten weiterrösten. Paradeiser waschen, kleinwürfelig schneiden, mit THEA-Flocken zum Gröstel geben und gut vermengen.
8. Schinken-Reis-Gröstel mit Spiegeleiern anrichten und mit Schnittlauch bestreuen.

1 Kochbeutel 10-Minuten-Reis
Salz
1 Zwiebel
1 Paprikaschote
1 kleinere Zucchini (ca. 12 dag)
3 dag THEA
2 dickere Scheiben Preßschinken
Kräuter der Provence
Salz
Pfeffer
2 Paradeiser
2 dag THEA
2 Eier
THEA zum Braten
$^{1}/_{2}$ Bund Schnittlauch, geschnitten

Erbsen-Schinken-Reis

(2 Portionen)

1. Reis in zerlassener THEA anschwitzen, Erbsen dazugeben und mit Rindsuppe aufgießen.
2. Mit Salz, Pfeffer und Muskat würzen und bei mittlerer Hitze 15 Minuten dünsten.
3. Crème fraîche unterrühren, 2 bis 3 Minuten weiterdünsten und anrichten.
4. Schinken in mundgerechte Stücke zupfen und mit Basilikumblättchen über den Reis streuen. Mit reichlich frischgemahlenem Pfeffer bestreuen.

20 dag Langkornreis
4 dag THEA
15 dag IGLO-Erbsen
$^{3}/_{8}$ l Rindsuppe (Würfelsuppe)
Salz
Pfeffer
Muskat
1 Becher Crème fraîche
6 dag Parmaschinken, dünn geschnitten
1 Eßlöffel Basilikum
Pfeffer aus der Mühle

Schneller Debrezinerreis

(2 Portionen)

1 Zwiebel
2 Paprikaschoten
2 Paar Debreziner
4 dag THEA
2 Eßlöffel Paradeismark
1 Kaffeelöffel edelsüßes Paprikapulver
3/8 l Rindsuppe (Würfelsuppe)
12 dag Langkornreis
Salz

1. Zwiebel schälen und achteln.
2. Paprikaschoten waschen, entkernen und großwürfelig schneiden.
3. Würstel in etwa 2 cm dicke Scheiben schneiden.
4. THEA zerlassen und alle Zutaten darin kurz anrösten.
5. Paradeismark und Paprikapulver dazugeben und sofort mit Rindsuppe aufgießen.
6. Reis beigeben, mit Salz würzen und bei mittlerer Hitze unter öfterem Umrühren 15 Minuten dünsten lassen.

Teigwaren

Griechische Nudelpfanne

(2 Portionen)

10 dag Makkaroni
Salz
1 Zwiebel
4 Eßlöffel BONA-Öl
1 Fleischparadeiser (ca. 25 dag)
2 Knoblauchzehen, zerdrückt
Salz
Pfeffer
10 dag milder Schafkäse
1 kleiner Pfefferoni, gehackt
10 schwarze Oliven

1. Makkaroni in reichlich Salzwasser bißfest kochen, abseihen, gut abschwemmen und in kleinere Stücke schneiden.
2. Zwiebel schälen, in dünne Ringe schneiden und in Öl anrösten, Makkaroni zugeben und unter ständigem Wenden 3 bis 4 Minuten braten.
3. Paradeiser waschen, großwürfelig schneiden, untermengen und mit Knoblauch, Salz und Pfeffer kräftig würzen.
4. Schafkäse grob zerbröseln, dazugeben, gut vermengen, anrichten und mit feingehacktem Pfefferoni sowie Oliven bestreuen.

Spaghetti olio e Peperoncino

(2 Portionen)

1. Spaghetti in reichlich Salzwasser bißfest kochen und abseihen.
2. Knoblauch schälen und mit Pfefferoni klein hacken.
3. Olivenöl erhitzen und beides darin unter ständigem Rühren anschwitzen.
4. Spaghetti dazugeben, gut vermengen, Petersilie untermengen und mit Salz würzen; sofort servieren.

20 dag Spaghetti
Salz
2 große Knoblauchzehen
1 getrockneter Pfefferoni
6 Eßlöffel Olivenöl
2 Eßlöffel Petersilie, gehackt
Salz

Spaghetti Carbonara

(2 Portionen)

1. Spaghetti in reichlich Salzwasser bißfest kochen und abseihen.
2. Speck kleinwürfelig schneiden und in zerlassener THEA knusprig anrösten.
3. Spaghetti dazugeben und gut vermengen.
4. Obers mit Eiern, Knoblauch und Parmesan verrühren und mit Salz und Pfeffer würzen.
5. Ei-Käse-Mischung über die Spaghetti gießen und unter ständigem Rühren erhitzen, bis die Sauce cremig wird. Spaghetti sofort servieren.

20 dag Spaghetti
Salz
8 dag Hamburgerspeck
3 dag THEA
$^1/_8$ l Schlagobers
2 Eier
1 Knoblauchzehe, zerdrückt
5 dag Parmesan, gerieben
Salz
Pfeffer

Tagliatelle mit Sardellen

(2 Portionen)

1. Tagliatelle in reichlich Salzwasser bißfest kochen, abseihen, mit THEA-Flocken vermengen, warm stellen.
2. Zwiebel schälen, fein hacken und in zerlassener THEA anrösten. Pfefferoni und Sardellenfilets grob hacken und kurz mitrösten.
3. Mit Tagliatelle gut vermengen, eventuell nachsalzen und sofort servieren.

20 dag Tagliatelle (dünne Bandnudeln)
Salz
3 dag THEA
1 Zwiebel
3 dag THEA
3 eingelegte scharfe Pfefferoni
10 Sardellenfilets

Teigmascherln mit Paradeis-Oliven-Sauce

(2 Portionen)

1 große Zwiebel
3 dag THEA
1 Dose geschälte Paradeiser (42 dag Füllgewicht)
Oregano
Salz
Pfeffer
6 dag schwarze Oliven
20 dag Teigmascherln
Salz
3 dag Parmesan, gerieben

1. Zwiebel schälen, fein hacken und in zerlassener THEA anrösten.
2. Paradeiser samt Saft zufügen, mit einer Gabel zerdrücken und mit Oregano, Salz und Pfeffer würzen.
3. Oliven entkernen, grob hacken und dazugeben. Sauce bei geringer Hitze 5 bis 7 Minuten kochen lassen.
4. Teigmascherln in reichlich Salzwasser bißfest kochen, abseihen und mit der Sauce anrichten, mit Parmesan bestreuen.

Gorgonzola-Nudeln

(2 Portionen)

10 dag Gorgonzola
1/8 l Schlagobers
1/8 l trockener Weißwein
2 dag THEA
1 Kaffeelöffel glattes Mehl
12 dag Cocktailparadeiser
Salz
Pfeffer
Cayennepfeffer
20 dag Spaghetti
Salz
1 Eßlöffel Pinienkerne, angeröstet
1/2 Bund Basilikum (ca. 2 bis 3 Eßlöffel)

1. Käse mit einer Gabel zerdrücken und mit Obers und Wein unter ständigem Rühren aufkochen lassen.
2. THEA mit Mehl verkneten, in die Sauce geben und gut verrühren.
3. Paradeiser waschen, halbieren und dazugeben.
4. Sauce mit Salz, Pfeffer und Cayennepfeffer würzen.
5. Spaghetti in Salzwasser bißfest kochen, abseihen und mit der Sauce vermengen.
6. Gorgonzola-Nudeln anrichten und mit Pinienkernen und in Streifen geschnittenem Basilikum bestreuen.

Spaghetti mit Schinken-Zucchini-Sauce

(2 Portionen)

1. Zwiebel schälen, kleinwürfelig schneiden und in zerlassener THEA anrösten.
2. Zucchini waschen und in dünne Stifte schneiden.
3. Schinken feinnudelig schneiden, beides zur Zwiebel geben und kurz mitrösten.
4. Mit Rindsuppe aufgießen und mit Knoblauch, Thymian, Kräutersalz und Pfeffer würzen.
5. Crème fraîche unterrühren und Sauce bei geringer Hitze etwa 3 bis 4 Minuten kochen lassen.
6. Spaghetti in reichlich Salzwasser bißfest kochen, abseihen und mit der Sauce anrichten.

1 Zwiebel
3 dag THEA
1 kleine Zucchini (ca. 12 dag)
12 dag Preßschinken
$^1/_{16}$ l Rindsuppe (Würfelsuppe)
1 Knoblauchzehe, zerdrückt
Thymian
Kräutersalz
Pfeffer
1 Becher Crème fraîche
20 dag Spaghetti
Salz

Knoblauch-Champignons mit Tagliatelle

(2 Portionen)

4 Knoblauchzehen
3 dag THEA
35 dag Champignons
1/8 l trockener Weißwein
1/8 l Rindsuppe (Würfelsuppe)
1/2 Kaffeelöffel edelsüßes Paprikapulver
1 Kaffeelöffel Estragonsenf
Salz
Pfeffer
1/2 Becher Kräuter-Crème-fraîche
1/2 Bund Petersilie, gehackt
20 dag grüne Tagliatelle (dünne Bandnudeln)
Salz
3 dag THEA zum Schwenken

1. Knoblauch schälen, grob hacken und in zerlassener THEA anrösten.
2. Champignons waschen, putzen und vierteln oder achteln, dazugeben und mitrösten.
3. Mit Wein und Rindsuppe aufgießen, Champignons bei geringer Hitze 8 bis 10 Minuten dünsten.
4. Paprikapulver und Senf beigeben und mit Salz und Pfeffer würzen.
5. Crème fraîche unterrühren, Sauce einmal aufkochen lassen und Petersilie dazugeben.
6. Bandnudeln in reichlich Salzwasser bißfest kochen und abseihen.
7. Nudeln in zerlassener THEA schwenken, anrichten und Sauce darüber verteilen.

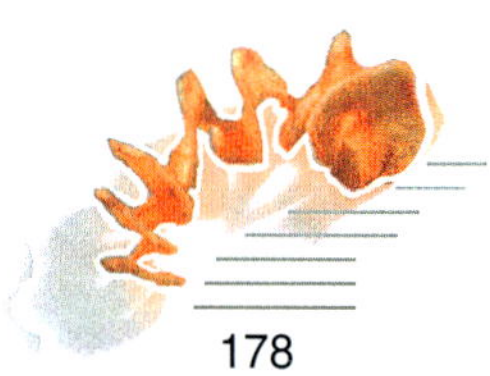

Süßes

Erdäpfeltorte mit Kaffeecreme

(12 Stück)

15 dag mehlige Erdäpfel
18 dag THEA
20 dag Staubzucker
5 Dotter
2 cl Rum
15 dag Walnüsse, gerieben
Zimt, gerieben
5 Eiklar
1 Päckchen Vanillinzucker
20 dag glattes Mehl
THEA und Brösel für die Form

Creme:
1/4 l Milch
4 Eßlöffel Löskaffee
2 dag Staubzucker
3 dag Vanillepuddingpulver
30 dag THEA
12 dag Staubzucker
2 cl Rum
Nüsse, gerieben
Kakao und Nußkerne zum Dekorieren

1. Erdäpfel kochen, schälen, erkalten lassen und anschließend fein raffeln.
2. THEA mit Zucker flaumig rühren, Dotter nach und nach unterrühren.
3. Rum, Nüsse, Erdäpfel und Zimt beimengen.
4. Eiklar fest aufschlagen, Vanillinzucker einschlagen.
5. Eischnee und Mehl abwechselnd unter den Fettabtrieb heben und in eine befettete und bebröselte Tortenform (24 cm Durchmesser) füllen; im vorgeheizten Backrohr bei 160 Grad ca. 1 Stunde backen; Torte vollständig erkalten lassen.
6. Creme: Milch mit Kaffee und Zucker aufkochen. Puddingpulver mit etwas Wasser glattrühren, zufügen und unter ständigem Rühren 2 Minuten kochen; erkalten lassen.
7. THEA mit Zucker flaumig rühren, Rum dazugeben und Kaffeepudding eßlöffelweise unterrühren.
8. Torte aus der Form nehmen, zweimal quer durchschneiden, mit der Hälfte der Creme zusammensetzen und restliche Creme außen verstreichen.
9. Mit Nüssen, Kakao und Nußkernen dekorieren.

Zwetschken-Erdäpfel-Torte

(10–12 Stück)

15 dag mehlige Erdäpfel
15 dag THEA
15 dag Kristallzucker
Prise Salz
1 Päckchen Vanillinzucker
1/2 Kaffeelöffel Zimt
Schale von 1/2 Zitrone
2 Eier
2 cl Rum
30 dag glattes Mehl
1/2 Päckchen Backpulver
THEA und Brösel für die Form
60 dag Zwetschken
5 dag Kristallzucker
5 dag Mandelblättchen
Zimt zum Bestreuen

1. Erdäpfel kochen, schälen und heiß durch die Erdäpfelpresse drücken; erkalten lassen.
2. THEA mit Kristallzucker, Salz, Vanillinzucker, Zimt und abgeriebener Zitronenschale flaumig rühren. Eier nach und nach unterrühren und Rum dazugeben.
3. Mehl mit Backpulver versieben und untermengen.
4. Masse in eine befettete und mit Bröseln ausgestreute Tortenform (24 cm Durchmesser) füllen.
5. Zwetschken waschen, entkernen, vierteln, Teig damit belegen, mit Zucker, Mandeln, Zimt bestreuen.
6. Im vorgeheizten Backrohr bei 180 Grad 45 Minuten backen.

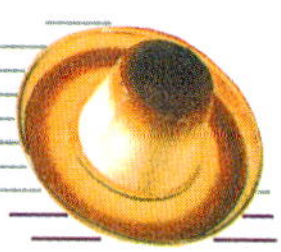

Erdäpfel-Marzipan-Torte

(10 Stück)

1. Erdäpfel kochen, schälen und heiß durch die Erdäpfelpresse drücken.
2. Dotter mit Zucker und Zitronenschale schaumig rühren.
3. Rum, Erdäpfel und Nüsse einmengen.
4. Eiklar zu festem Schnee schlagen, Vanillinzucker beigeben und Zucker nach und nach einschlagen.
5. Schnee unter die Dottermasse heben und in eine befettete und bebröselte Tortenform (24 cm Durchmesser) füllen.
6. Im vorgeheizten Backrohr bei 160 Grad ca. 50 Minuten backen; auskühlen lassen.
7. Torte aus der Form nehmen und mit erwärmter Marmelade bestreichen.
8. Marzipan auf einer bezuckerten Arbeitsfläche zu einer Scheibe von ca. 26 cm Durchmesser auswalken und Torte damit umhüllen.
9. Schokolade zerlassen, in ein Stanitzerl aus Pergamentpapier füllen und Torte damit verzieren.

25 dag mehlige Erdäpfel
3 Dotter
12 dag Staubzucker
Zitronenschale, abgerieben
2 cl Rum
5 dag Haselnüsse, gerieben
3 Eiklar
1 Päckchen Vanillinzucker
5 dag Kristallzucker
THEA für die Form
Brösel zum Bestreuen
10 dag Marillenmarmelade
20 dag Marzipan
Staubzucker zum Ausarbeiten
10 dag Kochschokolade

Erdäpfel-Nußkuchen

(10–12 Stück)

1. Erdäpfel kochen, schälen und heiß durch die Erdäpfelpresse drücken; auskühlen lassen.
2. THEA mit Zucker, Salz und Zitronenschale flaumig rühren. Dotter nach und nach unterrühren. Nüsse, Erdäpfel und kandierte Früchte dazugeben.
3. Eiklar zu festem Schnee schlagen, mit Vanillinzucker und Zucker nach und nach ausschlagen.
4. Schnee unter die Erdäpfelmasse mengen und Erdäpfelmehl unterziehen.
5. Masse in eine befettete und mit Bröseln ausgestreute Kastenform (mit 26 cm Länge) füllen und im vorgeheizten Backrohr bei 180 Grad ca. 1 Stunde backen; überkühlen lassen, stürzen und mit Zucker bestreuen.

25 dag mehlige Erdäpfel
10 dag THEA
12 dag Staubzucker
Prise Salz
Zitronenschale, abgerieben
4 Dotter
10 dag Walnüsse, gerieben
7 dag gewürfelte kandierte Früchte
4 Eiklar
1 Päckchen Vanillinzucker
6 dag Kristallzucker
10 dag Erdäpfelmehl
THEA und Brösel für die Form
Staubzucker zum Bestreuen

Erdäpfelzopf mit Fruchtfülle

(12–15 Stück)

Fülle:
10 dag Marillen, getrocknet
10 dag Zwetschken, getrocknet
10 dag Apfelringe, getrocknet
4 cl Sliwowitz
12 dag Rohmarzipan

Teig:
25 dag mehlige Erdäpfel
40 dag griffiges Mehl
10 dag THEA
1 Ei
2 Dotter
10 dag Staubzucker
Prise Salz
Zitronenschale, abgerieben
1/8 l Milch
2 dag Germ
1 Kaffeelöffel Honig
Mehl zum Ausarbeiten
THEA für das Blech
Dotter zum Bestreichen

1. Fülle: Getrocknete Früchte kleinwürfelig schneiden, Schnaps zufügen und zugedeckt etwa 4 Stunden marinieren.
2. Marzipan kleinwürfelig schneiden und anschließend untermengen.
3. Teig: Erdäpfel kochen, schälen und heiß durch die Erdäpfelpresse drücken, auskühlen lassen.
4. Mehl, weiche THEA, Ei, Dotter, Zucker, Salz, Zitronenschale und lauwarme Milch zugeben.
5. Germ mit Honig glattrühren, beifügen und alles am besten mit einem Rührgerät zu einem glatten Teig verarbeiten. Zugedeckt an einem warmen Ort 30 Minuten rasten lassen.
6. Teig nochmals durchkneten und auf einer bemehlten Arbeitsfläche zu einer ovalen Platte von ca. 40 cm Länge auswalken.
7. Fruchtmasse der Länge nach striezelförmig auftragen.
8. Überstehende Teigseiten in 2 cm breiten Abständen einschneiden.
9. Die so entstandenen Teigstreifen abwechselnd von der linken und von der rechten Seite her über die Fülle klappen.
10. Striezel auf ein befettetes Blech legen, mit verquirltem Dotter bestreichen und im vorgeheizten Backrohr bei 170 Grad 50 Minuten backen.

Süßer Erdäpfelstrudel

(10 Portionen)

Strudelteig:
20 dag glattes Mehl
1 Ei
3 Eßlöffel BONA-Öl
Prise Salz
1/8 l lauwarmes Wasser
Mehl zum Ausarbeiten
BONA-Öl zum Bestreichen
Fülle:
25 dag mehlige Erdäpfel
10 dag THEA
10 dag Staubzucker
1 Päckchen Vanillinzucker
3 Dotter
Prise Salz
10 dag Haselnüsse, gerieben
1/8 l Sauerrahm
Zitronenschale
3 Eiklar
Mehl zum Ausarbeiten
THEA für das Backblech
THEA zum Bestreichen
Staubzucker zum Bestreuen

1. Teig: Aus Mehl, Ei, Öl, Salz und lauwarmem Wasser einen geschmeidigen Teig verkneten.
2. Auf einen bemehlten Teller legen, mit Öl bestreichen und zugedeckt 30 Minuten rasten lassen.
3. Fülle: Erdäpfel kochen, schälen und heiß durch die Erdäpfelpresse drücken.
4. THEA mit Zucker und Vanillinzucker flaumig rühren. Dotter nach und nach unterrühren; salzen. Nüsse, Sauerrahm, Erdäpfel und Zitronenschale untermengen.
5. Eiklar zu festem Schnee schlagen und unterheben.
6. Teig auf einer bemehlten Arbeitsfläche ausrollen, auf ein bemehltes Strudeltuch legen und mit den Handrücken hauchdünn ausziehen.
7. Erdäpfelmasse daraufstreichen, dicke Teigränder abschneiden, Seitenlängen einschlagen und mit Hilfe des Strudeltuchs einrollen.
8. Auf ein befettetes Backblech legen und im vorgeheizten Rohr bei 180 Grad ca. 45 Minuten backen; während des Backens öfters mit zerlassener THEA bestreichen; anschließend mit Zucker bestreuen.

Zwetschkenknödel

(4 Portionen)

45 dag Erdäpfel
3 dag THEA
25 dag Topfen
1 Ei
3 dag Grieß
Prise Salz
Zitronenschale, abgerieben
10 dag glattes Mehl
12 Zwetschken
5 dag Marzipan
Mehl zum Ausarbeiten
Salz
Zucker zum Bestreuen

Geröstete Brösel:
15 dag THEA
20 dag Semmelbrösel
1 Päckchen Vanillinzucker
Zimt

1. Erdäpfel kochen, schälen und heiß durch die Erdäpfelpresse drücken, überkühlen lassen.
2. Weiche THEA, Topfen, Ei, Grieß, Salz, Zitronenschale und Mehl dazugeben und alles rasch zu einem glatten Teig verkneten.
3. Zwetschken waschen und entkernen. Marzipan in kleine Stücke schneiden und Zwetschken damit füllen.
4. Teig auf einer bemehlten Arbeitsfläche zu einer Rolle formen und in 12 Stücke teilen.
5. Teigstücke mit Zwetschken belegen, Knödel formen.
6. In kochendes Salzwasser einlegen und bei geringer Hitze ca. 12 Minuten ziehen lassen.
7. Knödel aus dem Wasser heben und in gerösteten Bröseln wälzen, anrichten und mit Zucker bestreuen.
8. Geröstete Brösel: Brösel, Vanillinzucker und Zimt in heißer THEA kurz anrösten.

Mozartknödel

(12 Stück)

1. Erdäpfel kochen, schälen und heiß durch die Erdäpfelpresse drücken.
2. Weiche THEA, Dotter, Zucker, Zitronenschale, Grieß und Mehl zufügen und alles zu einem glatten Teig verarbeiten; 10 Minuten rasten lassen.
3. Teig auf einer bemehlten Arbeitsfläche zu einer Rolle formen und in 12 Stücke teilen.
4. Teigstücke mit Mozartkugeln belegen und mit bemehlten Händen zu Knödeln formen.
5. Knödel in kochendes Salzwasser einlegen. Hitze zurücknehmen und 10 Minuten ziehen lassen.
6. THEA zerlaufen lassen, Nüsse darin anrösten, Knödel aus dem Wasser heben, gut abtropfen lassen und in den Nüssen wälzen. Nach dem Anrichten mit Zucker bestreuen.

Teig:
30 dag mehlige Erdäpfel
3 dag THEA
1 Dotter
1 Eßlöffel Staubzucker
Zitronenschale, abgerieben
5 dag Weizengrieß
8 dag glattes Mehl
Mehl zum Ausarbeiten

12 Mozartkugeln
Salz
3 dag THEA
30 dag Haselnüsse, gerieben
Staubzucker zum Bestreuen

Powidltascherln

(4 Portionen)

50 dag mehlige Erdäpfel
Salz
5 dag THEA
3 Dotter
Prise Salz
12 dag griffiges Mehl
Mehl zum Ausarbeiten
25 dag Powidl
2 cl Rum
Salz
Staubzucker zum Bestreuen

Geröstete Brösel:
10 dag THEA
15 dag Semmelbrösel
1 Päckchen Vanillinzucker

1. Erdäpfel schälen, vierteln und in Salzwasser kochen; abseihen, ausdampfen lassen und durch die Erdäpfelpresse drücken.
2. Weiche THEA, Dotter, Salz und Mehl dazugeben und alles zu einem glatten Teig verkneten.
3. Teig auf einer bemehlten Arbeitsfläche 4 mm dick ausrollen.
4. Mit einem runden Ausstecher (6 cm Durchmesser) Scheiben ausstechen.
5. Powidl mit Rum verrühren, auf jede Scheibe in die Mitte einen Kaffeelöffel Powidl daraufgeben.
6. Scheiben zusammenklappen und festdrücken.
7. Powidltascherln in kochendes Salzwasser einlegen. Hitze zurücknehmen und 10 Minuten ziehen lassen.
8. Aus dem Wasser heben und in gerösteten Bröseln wälzen; anrichten und bezuckern.
9. Geröstete Brösel: THEA zerlaufen lassen, Semmelbrösel und Vanillinzucker darin goldgelb anrösten.

Skubanky

(4 Portionen)

50 dag mehlige Erdäpfel
Prise Salz
5 dag THEA
5 dag griffiges Mehl
1 Eßlöffel Staubzucker
1 Päckchen Vanillinzucker
Prise Salz
THEA zum Backen
Mohn (gerieben) zum Wälzen
5 dag THEA zum Übergießen
Staubzucker zum Bestreuen

1. Erdäpfel schälen, großwürfelig schneiden und in Salzwasser weich kochen.
2. Kochwasser abseihen. Erdäpfel im Topf zerstampfen.
3. THEA zerlaufen lassen und darübergießen.
4. Mehl, Zucker, Vanillinzucker und etwas Salz dazugeben, gut vermengen und zugedeckt 10 Minuten rasten lassen.
5. Aus dem Teig Nocken ausstechen und in zerlassener THEA beidseitig backen.
6. In Mohn wälzen, anrichten, mit zerlassener THEA übergießen und mit Zucker bestreuen.

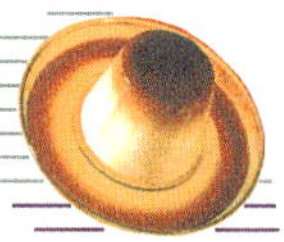

Süßer Erdäpfelschmarren

(4 Portionen)

50 dag mehlige Erdäpfel
4 Eier
1/8 l Schlagobers
5 dag Staubzucker
8 dag Rosinen
THEA zum Backen
Staubzucker zum Bestreuen

1. Erdäpfel kochen, schälen und heiß durch die Erdäpfelpresse drücken, auskühlen lassen.
2. Eier, Obers und Zucker zufügen, gut vermengen.
3. Rosinen waschen, abtropfen lassen, unterheben.
4. THEA in einer Pfanne zerlaufen lassen, Hälfte der Masse einfüllen, bei geringer Hitze anbacken, wenden, mit zwei Gabeln zerpflücken und fertig backen; warm stellen. Vorgang mit der restlichen Masse wiederholen. Erdäpfelschmarren anrichten und mit Zucker bestreuen.

Reis

Himbeer-Reis-Torte

(10–12 Portionen)

1/2 l Milch
1 Päckchen Vanillinzucker
10 dag Rundkornreis
4 Dotter
4 dag Staubzucker
4 dag Mandeln, gerieben
4 Eiklar
4 dag Kristallzucker
THEA für die Form
Brösel zum Bestreuen

Fülle:
1/4 l Schlagobers
25 dag Himbeeren
Staubzucker zum Bestreuen
Minzeblätter zum Garnieren
Himbeeren zum Garnieren

1. Milch mit Vanillinzucker aufkochen, Reis zufügen und bei geringer Hitze 30 Minuten kochen; auskühlen lassen.
2. Dotter mit Zucker schaumig rühren, Milchreis und Mandeln untermengen.
3. Eiklar zu steifem Schnee schlagen und Zucker nach und nach einschlagen.
4. Eischnee unter die Reismasse heben und in eine befettete und bebröselte Tortenform (24 cm Durchmesser) füllen.
5. Im vorgeheizten Rohr bei 180 Grad ca. 40 Minuten backen; auskühlen lassen.
6. Obers steif schlagen.
7. Torte aus der Form nehmen, in der Mitte quer durchschneiden, den unteren Teil mit Obers bestreichen, Himbeeren darüber verteilen und zweite Tortenhälfte darauflegen.
8. Mit Zucker bestreuen und mit Himbeeren und Minzeblättern garnieren.

Sizilianische Festtagstorte

(10 Portionen)

Biskuit:
4 Eier
1 Eßlöffel Wasser
Prise Salz
12 dag Staubzucker
14 dag griffiges Mehl
THEA und Mehl für die Form
Fülle:
¼ l Milch
Prise Salz
8 dag Rundkornreis
10 dag Edelbitterschokolade
10 dag exotische Früchte
50 dag Mascarino
Orangenschale, abgerieben
2 cl Rum
¼ l Schlagobers
Saft von 2 Orangen
8 dag Marillenmarmelade
Glasur:
20 dag Kochschokolade
1 Becher Crème fraîche
getrocknete exotische Früchte zum Garnieren

1. Biskuit: Eier mit lauwarmem Wasser, Salz und Zucker gut schaumig schlagen. Mehl unterziehen und in eine befettete und bemehlte Tortenform (24 cm Durchmesser) füllen. Im vorgeheizten Backrohr bei 180 Grad ca. 45 Minuten backen; auskühlen lassen.
2. Fülle: Milch mit Salz aufkochen, Reis dazugeben und unter mehrmaligem Umrühren weich dünsten; auskühlen lassen.
3. Schokolade und getrocknete Früchte fein hacken und mit Mascarino unter den Reis mengen.
4. Orangenschale und Rum zufügen und geschlagenes Obers unterziehen.
5. Torte zweimal quer durchschneiden, mit Orangensaft beträufeln und mit Creme zusammensetzen; 2 bis 3 Stunden kalt stellen.
6. Marmelade erwärmen und Torte zur Gänze damit bestreichen.
7. Glasur: Schokolade mit Crème fraîche im Wasserbad schmelzen, glattrühren und Torte damit überziehen; trocknen lassen.
8. Torte mit getrockneten Früchten dekorieren.

Himbeer-Reis-Knödel

(12 Stück)

¾ l Milch
Prise Salz
15 dag Rundkornreis
2 Dotter
3 dag Kristallzucker
1 Päckchen Vanillinzucker
Zitronenschale, abgerieben
6 dag glattes Mehl
Mehl zum Ausarbeiten
25 dag Himbeeren
Salz
10 dag Mohn, gemahlen
8 dag THEA
Staubzucker zum Bestreuen

1. Milch mit Salz aufkochen, Reis zufügen und bei geringer Hitze dünsten; erkalten lassen.
2. Dotter und Zucker schaumig rühren, Vanillinzucker, Zitronenschale und Reis untermengen; 10 Minuten rasten lassen.
3. Mehl einrühren und auf einer bemehlten Arbeitsfläche zu einer Rolle formen.
4. Rolle in 12 Stücke teilen, mit jeweils 3 bis 4 Himbeeren belegen und zu Knödeln formen.
5. Knödel in kochendes Salzwasser einlegen. Hitze zurücknehmen und ca. 15 Minuten ziehen lassen; aus dem Wasser heben, in Mohn wälzen, anrichten, mit zerlassener THEA übergießen und bezuckern.

Marillen-Topfen-Reis-Torte

(10 Portionen)

1. Mürbteig: Mehl mit Zucker, Zitronenschale, Salz, Wasser und gehackter THEA rasch zu einem glatten Teig verarbeiten und 1 Stunde kalt rasten lassen.
2. Milch mit Salz aufkochen, Reis und Zucker hinzufügen und bei geringer Hitze etwa 30 Minuten kochen; auskühlen lassen.
3. Marillen waschen, halbieren und entkernen.
4. THEA mit Zucker in einem Topf schmelzen, Marillen dazugeben, kurz andünsten lassen und mit Zitronensaft und $^1/_{16}$ l Wasser aufgießen.
5. Einige Minuten kochen, von der Hitze nehmen, Amaretto zugeben; auskühlen lassen.
6. Reis mit Dottern und Topfen vermengen.
7. Eiklar steif schlagen und unterziehen.
8. Teig auf einer bemehlten Arbeitsfläche 3 mm dick auswalken und Tortenform (24 cm Durchmesser) damit auskleiden. Gedünstete Marillen einfüllen, Reismasse darüber verteilen. Im vorgeheizten Backrohr bei 170 Grad ca. 1 Stunde backen.

20 dag glattes Mehl
5 dag Staubzucker
Zitronenschale
Prise Salz
4 Eßlöffel Wasser
10 dag THEA
Fülle:
$^3/_8$ l Milch
Salz
12 dag Rundkornreis
6 dag Staubzucker
4 Dotter
25 dag Topfen
4 Eiklar

80 dag Marillen
3 dag THEA
3 dag Kristallzucker
Saft von 1 Zitrone
2 cl Amaretto (Mandellikör)

Milchreisstrudel

(10 Portionen)

Strudelteig:
20 dag glattes Mehl
1 Ei
3 Eßlöffel BONA-Öl
Prise Salz
1/8 l Wasser
Mehl zum Bestreuen
Bona-Öl zum Bestreichen

Fülle:
1/2 l Milch
Prise Salz
20 dag Rundkornreis
10 dag THEA
12 dag Staubzucker
4 Dotter
Prise Salz
2 cl Rum
4 Eiklar
1 Päckchen Vanillinzucker
Mehl zum Ausarbeiten
THEA für die Bratwanne
THEA zum Bestreichen
Staubzucker zum Bestreuen

1. Teig: Aus Mehl, Ei, Öl, Salz und lauwarmem Wasser einen geschmeidigen Teig kneten.
2. Teig auf einen bemehlten Teller legen, mit Öl bestreichen, zugedeckt etwa 30 Minuten rasten lassen.
3. Milch mit Salz aufkochen, Reis zufügen und unter ständigem Rühren weich dünsten; überkühlen lassen.
4. THEA mit Zucker und Dottern flaumig rühren, Salz und Rum einrühren, Reis untermengen.
5. Eiklar zu festem Schnee schlagen, Vanillinzucker einschlagen und unter die Reismasse heben.
6. Teig auf einer bemehlten Arbeitsfläche etwas auswalken und auf ein bemehltes Strudeltuch legen. Teig mit den Handrücken hauchdünn ausziehen.
7. Reismasse darauf verteilen, dicke Teigränder abschneiden, Seitenlängen einschlagen und mit Hilfe des Strudeltuchs einrollen.
8. In eine befettete Bratwanne legen und im vorgeheizten Backrohr bei 180 Grad 45 Minuten backen; während des Backens des öfteren mit zerlassener THEA bestreichen, anschließend mit Zucker bestreuen.

Reis Trauttmansdorff

(4 Portionen)

1/2 l Milch
4 dag Kristallzucker
1/2 Vanilleschote
Prise Salz
6 dag Rundkornreis
3 Blatt Gelatine
12 dag Kompottfrüchte
1 Stamperl Rum
1 Eßlöffel Zitronensaft
1/8 l Schlagobers

1. Milch mit Zucker, Vanilleschote und Salz aufkochen. Reis zufügen und bei geringer Hitze unter öfterem Rühren 20 Minuten kochen lassen.
2. Gelatine in kaltem Wasser einweichen, ausdrücken und in der heißen Reismasse auflösen.
3. Früchte gut abtropfen lassen, kleinwürfelig schneiden, mit Rum und Zitronensaft übergießen und kurz darin marinieren.
4. Schlagobers steif schlagen und mit den Früchten unter die bereits gelierende Reismasse heben.
5. Masse in kleine Förmchen füllen, ca. 3 Stunden kalt stellen. Förmchen kurz in heißes Wasser tauchen, stürzen, mit beliebiger Fruchtsauce anrichten.

Schwarzwälder-Weichsel-Terrine

(4 Portionen)

1/2 l Milch
Prise Salz
2 Päckchen Vanillinzucker
8 dag Rundkornreis
1 dag Stärkemehl
1 Eßlöffel Zitronensaft
1 Päckchen Vanillinzucker
2 Eßlöffel Wasser
30 dag Weichselkompott
4 cl Kirschwasser
1 Eßlöffel Staubzucker
2 Blatt Gelatine
1/4 l Schlagobers
7 dag Kochschokolade
2 Blatt Gelatine

1. Milch mit Salz und Vanillinzucker aufkochen, Reis zufügen und unter ständigem Rühren dickbreiig kochen, auskühlen lassen.
2. Rehrückenform mit Klarsichtfolie auskleiden.
3. Stärkemehl mit Zitronensaft, Vanillinzucker und Wasser glattrühren.
4. Weichselkompott aufkochen, Stärkemehlgemisch unter ständigem Rühren einkochen, 2 bis 3 Minuten kochen, von der Hitze nehmen, Kirschwasser unterrühren und Weichselmasse in die mit Folie ausgekleidete Form füllen; 1 Stunde kalt stellen.
5. Reismasse halbieren. Eine Hälfte mit Zucker vermengen. Eingeweichte, gut ausgedrückte Gelatine im Wasserbad flüssig werden lassen und in die gezuckerte Reismasse rühren.
6. Obers steif schlagen. Die Hälfte davon unter die Reismasse ziehen und über die Weichselmasse verteilen; glattstreichen.
7. Schokolade schmelzen und mit der restlichen Reismasse vermengen. Gelatine einweichen, ausdrücken, im Wasserbad flüssig werden lassen und unterrühren.
8. Restliches Obers unterziehen und über die helle Reismasse verteilen; glattstreichen. Mit Klarsichtfolie abdecken und 4 bis 5 Stunden kalt stellen.
9. Terrine aus der Form stürzen und Folie abziehen.

Ananas-Reis-Bombe

(4 Portionen)

$^{1}/_{4}$ l Milch
Prise Salz
5 dag Rundkornreis
25 dag Kompott-Ananasscheiben
4 cl Rum
2 Dotter
5 dag Staubzucker
5 Blatt Gelatine
2 dag Pistazien
2 Eiklar
2 dag Kristallzucker
$^{1}/_{8}$ l Schlagobers
5 Kompott-Ananasscheiben
$^{1}/_{8}$ l Schlagobers
Pistazien und Cocktailkirschen zum Verzieren

1. Milch mit Salz aufkochen, Reis zufügen und bei geringer Hitze weich dünsten; auskühlen lassen.
2. Ananasscheiben gut abtropfen lassen, kleinwürfelig schneiden und mit Rum ca. 2 Stunden marinieren.
3. Dotter mit Zucker schaumig rühren.
4. Gelatine im kalten Wasser einweichen, gut ausdrücken, im Wasserbad auflösen und unterrühren.
5. Ananas samt Marinade, Reis und Pistazien dazugeben.
6. Eiklar zu steifem Schnee schlagen, Zucker nach und nach einschlagen.
7. Obers steif schlagen und mit Schnee unter die Reismasse heben.
8. Schüssel (etwa 18 cm Durchmesser) mit Ananasscheiben auslegen, Reismasse einfüllen, glattstreichen und zugedeckt 4 bis 5 Stunden kalt stellen.
9. Bombe stürzen und mit Schlagobersrosetten und Pistazien sowie Cocktailkirschen dekorieren.

Mascarino-Reiscreme „Romanoff“

(4 Portionen)

$^{1}/_{2}$ l Milch
2 Eßlöffel Kristallzucker
Prise Salz
10 dag Rundkornreis
25 dag Mascarino
2 Eßlöffel Cointreau
1 Eßlöffel Kristallzucker
2 cl Cointreau
25 dag Erdbeeren

1. Milch mit Zucker und Salz aufkochen, Reis zufügen und bei geringer Hitze etwa 20 Minuten kochen; öfters umrühren und auskühlen lassen.
2. Mascarino mit Cointreau 5 Minuten flaumig rühren. Reis einrühren, in Dessertgläser füllen und kalt stellen.
3. Erdbeeren waschen, putzen, vierteln und mit Zucker und Cointreau vermengen; 2 Stunden zugedeckt marinieren.
4. Erdbeeren über die Creme verteilen und servieren.

Papayahälften mit Reis-Kokos-Kugeln
(4 Portionen)

1. Milch mit Salz und Vanillinzucker aufkochen, Reis zufügen und bei geringer Hitze etwa 15 Minuten kochen lassen.
2. Kokosflocken dazugeben und unter ständigem Rühren einige Minuten kochen lassen; von der Hitze nehmen und vollständig auskühlen lassen.
3. Likör und Vanillinzucker untermengen und Masse 5 bis 6 Stunden kalt stellen.
4. Mit befeuchteten Händen kleine Kugeln formen und in Kokosflocken wälzen.
5. Papayas halbieren, Kerne entfernen und mit Kokoskugeln füllen, kalt servieren.

³/₈ l Milch
Prise Salz
1 Eßlöffel Vanillinzucker
6 dag Rundkornreis
8 dag Kokosflocken
1 Päckchen Vanillinzucker
4 cl Kokoslikör
Kokosflocken zum Wälzen
2 Papayas

Nuß-Schoko-Pudding

(4 Portionen)

$^{1}/_{4}$ l Milch
$^{1}/_{8}$ l Wasser
Prise Salz
5 dag Rundkornreis
5 dag Kochschokolade
5 dag Staubzucker
1 Päckchen Vanillinzucker
5 dag Walnüsse
2 Blatt Gelatine
$^{1}/_{8}$ l Schlagobers
Weichsel- oder Kirschenkompott

1. Milch mit Wasser und Salz aufkochen, Reis zufügen und unter mehrmaligem Umrühren weich dünsten; erkalten lassen.
2. Schokolade im Wasserbad weich werden lassen und mit Zucker und Vanillinzucker zum Reis geben.
3. Nüsse fein hacken und beifügen.
4. Gelatine in kaltem Wasser einweichen, ausdrücken, im heißen Wasserbad auflösen und mit dem Schoko-Reis vermengen.
5. Obers steif schlagen, unterziehen und die Masse in kleine mit kaltem Wasser ausgespülte Förmchen füllen; 4 bis 5 Stunden kalt stellen, stürzen und mit Schlagobers und Weichsel- oder Kirschenkompott anrichten.

Reisschmarren mit Pfirsich-Himbeer-Röster

(4 Portionen)

$^{1}/_{2}$ l Milch
12 dag Rundkornreis
Prise Salz
8 dag THEA
8 dag Staubzucker
5 Dotter
2 Päckchen Vanillinzucker
Zitronenschale, abgerieben
5 Eiklar
8 dag griffiges Mehl
THEA zum Backen
Staubzucker zum Bestreuen

Pfirsich-Himbeer-Röster:
3 große Pfirsiche, (ca. 50 dag)
4 Eßlöffel Zitronensaft
3 Eßlöffel Kristallzucker
15 dag Himbeeren

1. Milch zum Kochen bringen, Reis und Salz zugeben und bei geringer Hitze weich dünsten; überkühlen lassen.
2. THEA mit Zucker flaumig rühren, Dotter nach und nach unterrühren, Vanillinzucker, Zitronenschale und Reis dazurühren.
3. Eiklar zu festem Schnee schlagen und mit Mehl abwechselnd unter die Reismasse ziehen.
4. THEA in einer Pfanne zerlassen, halbe Masse einfüllen, bei geringer Hitze anbacken, wenden; mit zwei Gabeln zerkleinern und fertig backen; Vorgang mit der restlichen Masse wiederholen.
5. Schmarren mit Pfirsich-Himbeer-Röster anrichten und bezuckern.
6. Pfirsich-Himbeer-Röster: Pfirsiche blanchieren, schälen und in Spalten schneiden. Zitronensaft und Zucker einmal aufkochen, Pfirsichspalten zugeben und einige Minuten kochen lassen. Röster von der Hitze nehmen und Himbeeren dazugeben.

Engelshaartorte

(10 Portionen)

1. Teig: Mehl mit Zucker versieben, Dotter und THEA-Flocken dazugeben und alles rasch zu einem geschmeidigen Teig verkneten; in Folie wickeln und 30 Minuten kalt rasten lassen.
2. Teig auf einer bemehlten Arbeitsfläche etwa $^1/_2$ cm dick ausrollen und mit Hilfe des Nudelholzes in eine Tortenspringform (mit 24 cm Durchmesser) legen.
3. Teig vorsichtig mit den Händen an den Formrand drücken. Tortenform bis zur Weiterverarbeitung kalt stellen.
4. Spaghetti in Salzwasser kochen, abseihen, gut abschwemmen und abtropfen lassen.
5. Fülle: Mandeln und Aranzini fein hacken und mit Zucker, Kakao und Orangenschale vermengen.
6. Ein Drittel der Spaghetti in die Tortenform füllen und mit einem Drittel der Mandelmischung bestreuen. Vorgang so lange wiederholen, bis alle Zutaten verbraucht sind.
7. THEA zerlaufen lassen und über die Fülle gießen.
8. Im vorgeheizten Backrohr bei 190 Grad auf oberster Schiene ca. 15 Minuten backen, aus dem Rohr nehmen, mit Alufolie abdecken und weitere 30 Minuten backen.
9. Torte aus dem Backrohr nehmen und sofort mit Rum übergießen; vollständig auskühlen lassen und aus der Form nehmen.

Teig:
18 dag glattes Mehl
8 dag Staubzucker
2 Dotter
10 dag THEA
Mehl zum Ausarbeiten
12 dag dünne Spaghetti
Salz

Fülle:
20 dag Mandeln
15 dag Aranzini
8 dag Kristallzucker
1 Kaffeelöffel Kakao
Schale von 1 Orange, abgerieben
15 dag THEA
$^1/_{16}$ l Rum

Schoko-Nudel-Strudel

(6–8 Stück)

6 dag Bandnudeln
Salz
12 dag THEA
10 dag Staubzucker
4 Dotter
20 dag Kochschokolade
12 dag Kastanienreis, tiefgekühlt
1 Päckchen Vanillinzucker
Prise Salz
Zimt
4 Eiklar
1 Paket IGLO-Strudelteig
4 dag THEA
15 dag Kompottweichseln
THEA für das Blech
Staubzucker zum Bestreuen
Schlagobers zum Verzieren

1. Nudeln in Salzwasser kochen, abseihen und gut abtropfen lassen.
2. THEA mit Zucker flaumig rühren, Dotter nach und nach unterrühren.
3. Schokolade im Wasserbad zerlaufen lassen, Kastanienreis, Vanillinzucker, Salz und Zimt untermengen.
4. Eiklar zu festem Schnee schlagen und abwechselnd mit den Nudeln unterheben.
5. Ein Strudelblatt auf Strudeltuch legen, mit zerlassener THEA bestreichen, zweites Blatt darüberlegen.
6. Masse daraufstreichen und mit Weichseln belegen.
7. Seitenlängen einschlagen, Strudel einrollen, auf ein befettetes Backblech legen und im Backrohr bei 180 Grad ca. 35 Minuten backen.
8. Strudel mit Zucker bestreuen, in Stücke schneiden und mit Schlagobers verzieren.

Schokoladeravioli mit Vanillesauce

(4 Portionen)

Teig:
20 dag glattes Mehl
2 Eßlöffel Staubzucker
2 Eier
2 Eßlöffel BONA-Öl
10 dag Kochschokolade
Fülle:
5 dag THEA
8 dag Topfen
2 Eßlöffel Staubzucker
1 Päckchen Vanillinzucker
Schale von $^1/_4$ Zitrone, abgerieben
Mehl zum Ausarbeiten
Eiklar zum Bestreichen
Kristallzucker
Salz
$^1/_8$ l Schlagobers
Sauce:
$^1/_4$ l Milch
2 Eßlöffel Staubzucker
Vanillepuddingpulver
2 Dotter

1. Teig: Mehl, Zucker, Eier, Öl und erweichte Schokolade zu einem geschmeidigen Teig verkneten, in Folie wickeln und 30 Minuten kalt rasten lassen.
2. Fülle: THEA mit Topfen und Zucker flaumig rühren, Vanillinzucker und Zitronenschale dazurühren.
3. Teig auf einer bemehlten Arbeitsfläche messerrückendick auswalken und halbieren.
4. Ein Teigstück mit Eiklar bestreichen. Fülle mit Kaffeelöffel in 5 cm breiten Abständen daraufsetzen.
5. Zweites Teigstück darüberklappen, Zwischenräume festdrücken, mit einem Teigrad Quadrate ausradeln.
6. Ravioli in leicht gesüßtes, kochendes Salzwasser einlegen und bei geringer Hitze etwa 10 Minuten ziehen lassen; abseihen. Ravioli in erhitztem Obers schwenken und mit Vanillesauce anrichten.
7. Vanillesauce: Milch aufkochen. 2 Eßlöffel Puddingpulver mit Zucker und Dottern glattrühren, in die heiße Milch einkochen und unter ständigem Rühren 2 bis 3 Minuten kochen lassen.

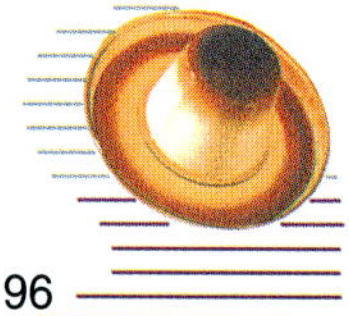

Bröselnudeln

(4 Portionen)

1. Teig: Mehl mit Eiern, Salz und Obers zu einem glatten Teig verkneten und zugedeckt ca. 30 Minuten rasten lassen.
2. Teig auf einer bemehlten Arbeitsfläche 1 mm dick ausrollen, in drei gleich große Stücke teilen und kurz antrocknen lassen.
3. Teigstücke in 1 cm breite Nudeln schneiden.
4. Nudeln in leicht gesalzenem Wasser mit Vanillinzucker etwa 3 Minuten kochen lassen; abseihen.
5. THEA zerlaufen lassen, Brösel kurz darin anrösten. Nudeln und Zucker beigeben und gut vermengen. Nudeln anrichten und bezuckern.

Teig:
30 dag glattes Mehl
3 Eier
Prise Salz
2 Eßlöffel Obers
Mehl zum Ausarbeiten
Prise Salz
2 Päckchen Vanillinzucker
15 dag THEA
12 dag Semmelbrösel
8 dag Staubzucker
Staubzucker zum Bestreuen

Kaffeenudeln mit Bananensauce

(4 Portionen)

1. Teig: Dotter mit Löskaffeepulver verquirlen. Zucker, Vanillinzucker und Mehl zufügen. Alles zu einem glatten Teig verkneten und zugedeckt ca. 30 Minuten rasten lassen.
2. Teig auf einer bemehlten Arbeitsfläche 1 mm dünn ausrollen, in drei gleich große Stücke teilen und kurz antrocknen lassen.
3. Teigstücke in 1 cm breite Nudeln schneiden.
4. Milch mit reichlich Wasser aufkochen, Nudeln dazugeben; etwa 3 Minuten kochen lassen und abseihen; warm stellen.
5. Sauce: Bananen schälen und in dünne Scheiben schneiden.
6. THEA zerlassen, Rohrzucker dazugeben, kurz aufschäumen lassen, mit Zitronensaft ablöschen und Bananen einrühren.
7. Mascarino, Milch und Zimt zufügen, gut verrühren, Sauce bei geringer Hitze 5 Minuten kochen lassen.
8. Nudeln anrichten, mit Sauce übergießen und mit Kokosflocken bestreuen.

Teig:
2 Dotter
4 Eßlöffel Löskaffeepulver
3 Eßlöffel Staubzucker
1 Päckchen Vanillinzucker
20 dag glattes Mehl
Mehl zum Ausarbeiten
$^{1}/_{4}$ l Milch

Sauce:
4 kleine Bananen (ca. 40 dag)
5 dag THEA
2 Eßlöffel Rohrzucker
Saft von 1 Zitrone
20 dag Mascarino
$^{1}/_{8}$ l Milch
Zimt
Kokosflocken zum Bestreuen

Erdbeerspaghetti mit Joghurtsauce

(4 Portionen)

18 dag dünne Spaghetti
Salz
40 dag Erdbeeren
5 dag Staubzucker
4 cl Grand Marnier
Saft von 1 Orange
Limettenschale, abgerieben

Joghurtsauce:
1/4 l Joghurt
2 Päckchen Vanillinzucker
1/16 l Schlagobers

1. Spaghetti in kleine Stücke brechen und in Salzwasser bißfest kochen, abseihen und abschwemmen.
2. Erdbeeren waschen, putzen, halbieren oder vierteln und mit Zucker, Grand Marnier, Orangensaft und Limettenschale vermengen.
3. Spaghetti daruntermengen und zugedeckt etwa 2 Stunden kalt stellen.
4. Joghurtsauce: Joghurt mit Vanillinzucker verrühren, Obers halbsteif aufschlagen und unterziehen. Spaghetti mit der Sauce anrichten.

Süße Pasta mit Caramel

(4 Portionen)

3/8 l Milch
3 dag Staubzucker
5 dag THEA
Prise Salz
10 dag Bandnudeln
2 dag Vanillepuddingpulver
2 Eßlöffel Milch
1/8 l Schlagobers
10 dag Heidelbeeren zum Garnieren

Caramel:
1 dag THEA
3 Eßlöffel Kristallzucker

1. Milch mit Zucker, THEA und etwas Salz aufkochen, Nudeln dazugeben und etwa 8 Minuten kochen lassen.
2. Puddingpulver mit Milch glattrühren, zu den Nudeln geben, gut verrühren und 1 Minute kochen.
3. Von der Hitze nehmen, kurz überkühlen lassen und 2 bis 3 Stunden kalt stellen.
4. Schlagobers schlagen und unter die Vanillenudeln mengen.
5. Nudeln in tiefen Tellern anrichten, mit Caramel übergießen und mit Heidelbeeren garnieren.
6. Caramel: THEA schmelzen, Zucker darin langsam erhitzen, bis hellbrauner Caramel entsteht.

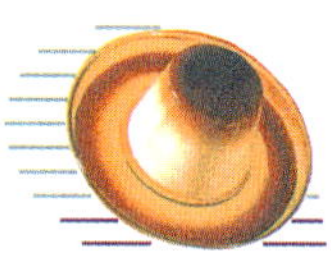

Wissens-
wertes

Wissenswertes über

Thea

GUTES GELINGT

Die Marke THEA gibt es schon seit mehr als 70 Jahren.
Sie ist somit die älteste Margarinemarke Österreichs und seit Beginn der Spezialist für die gute Küche.

Machen Sie mit uns eine kleine Reise in die Vergangenheit, um zu sehen, wie alles begonnen hat.

1923 suchte die damalige Fa. Kunerol (heute Fa. Kuner) einen Namen für ihre Margarine mittels eines Preisausschreibens. Das Motto lautete „5 Millionen Kronen für 1 Wort“. Aus den zahlreichen Vorschlägen wurden zunächst folgende 5 Namen ausgewählt: Dida, Gritti, Maya, Marga und TEA (später Thea). Eine abermalige Umfrage kürte THEA zum Sieger, und somit wurde eine Marke geboren, die bis zum heutigen Tag nichts an Bedeutung eingebüßt hat.

Man war von jeher bemüht, daß der Name THEA nicht nur mit ausgezeichneter Qualität, sondern auch mit Kochkompetenz und Freude am Kochen in Verbindung gebracht wird.

Gleich nach der Einführung von THEA wurde ein kleines Rezeptbüchlein veröffentlicht, mit einer Sammlung von erlesenen und ausprobierten Rezepten.
Aufgrund der großen Nachfrage wurde dieses Service mit Rezeptblättern, Kochbüchern und einer Kochberatung weiter ausgebaut. So wie damals steht man auch heute noch allen Kochbegeisterten mit einer umfassenden Beratung zur Seite.

Weiters war man aber auch in all den Jahren bestrebt, die Qualität von THEA zu verbessern und noch optimaler auf die verschiedensten Kochbereiche abzustimmen.

Daher gibt es heute neben dem traditionellen THEA-Würfel eine ganze Palette von THEA-Küchenspezialisten.

Für die besonders feine Küche zum Beispiel wurde die Feine THEA Milchmargarine in der appetitlichen $^{1}/_{2}$-kg-Wanne und im praktischen Würfel konzipiert.

Die Feine THEA Backmargarine verspricht nicht nur rosarote Backzeiten, sondern sie hält auch ihr Versprechen. Kuchen, Torten, Kekse und Cremen werden einfach zum kulinarischen Erlebnis.

Ganz neu gibt es jetzt auch THEA flüssig, die erste flüssige Margarine Österreichs. Sie kann alles, was normale Margarine auch kann, nur praktischer, sauberer und schneller.

Und nicht zuletzt der $^{1}/_{4}$-kg-Ziegel THEA Brat & Saftmeister, der Spezialist, um Fleisch knusprig zu braten und gleichzeitig köstliche Saucen zu zaubern.

Alles Produkte, die aus Österreichs Küchen nicht mehr wegzudenken sind.

THEA und
Gutes gelingt!

Wissenswertes über Erdäpfel

Sorten und ihre Eigenschaften

Speckige Erdäpfel
Im Handel z. B. unter der Bezeichnung Kipfler und Sigma erhältlich. Diese Sorten haben ein sehr festes Fruchtfleisch, das auch noch nach dem Kochen seine Struktur (Festigkeit) behält. Beim Aufschneiden im gekochten Zustand muß die Schnittfläche glatt und feucht sein.

Sie sind geeignet für: Salate, Gratins, Aufläufe und Braterdäpfel.

Festkochende Erdäpfel
Im Handel z. B. unter der Bezeichnung Sieglinde/Ukama und Desirée erhältlich.
Es handelt sich um Erdäpfel, die sich nach dem Kochen mühelos mit einer Gabel zerteilen lassen, die aber dennoch einen gewissen „Biß" behalten.

Sie sind geeignet für: Salate, Gratins, Aufläufe, Eintopfgerichte, Braterdäpfel.

Mehlige Erdäpfel
Im Handel z. B. unter der Bezeichnung Bintje und Hermes erhältlich.
Mehlige Erdäpfel kennt man auch unter der Bezeichnung „Runde". Sie haben gegenüber den anderen Sorten einen wesentlich höheren Stärkegehalt. Vorsicht beim Kochen, sie zerfallen leicht.

Sie sind geeignet für: Püree, Knödel, Kroketten, Erdäpfelteig und Folienerdäpfel.

Heurige Erdäpfel
Diese sind im Handel z. B. unter der Bezeichnung Minerva, Christa und Frieslander erhältlich.
Inländische Heurige (Früherdäpfel) werden ab Anfang Juni bis höchstens Anfang August geerntet. Sie besitzen einen hohen Wassergehalt. Die Schale ist dünn (glatt oder schuppig) und kann auch mitgegessen werden. Heurige können nur kurzfristig gelagert werden.

Sie sind geeignet für: Petersilerdäpfel, Salzerdäpfel oder nur gekocht mit Salz, Schnittlauch oder Kräuteraufstrichen.

Bei den Sorten innerhalb der oben angeführten Gruppen haben wir uns auf die bei uns gängigsten Namen beschränkt.

Sigma
Kipfler
Sieglinde
Heurige (glatte)
Heurige (schuppige)
Desirée
Bintje
Hermes

Lagerung

Zum Einlagern beziehungsweise zum Überwintern eignen sich nur die mittelspäten bis späten Sorten. Diese werden ab Mitte September geerntet.
Die Erdäpfel müssen sauber, trocken und unbeschädigt sein. Der Lagerraum soll eine Temperatur von 4 bis 6 Grad aufweisen. Er muß dunkel und gut belüftbar sein. Erdäpfel nicht in Folienbeuteln aufheben, sie beginnen zu schwitzen und verderben dadurch leicht.
Werden Erdäpfel bei zuviel Licht gelagert, können sich grüne Flecken bilden. Diese Erdäpfel sind für den Verzehr nicht mehr geeignet, da sie giftiges Solanin enthalten. Bei kleinen grünen Flecken genügt es, diese wegzuschneiden.

Tips

- Erdäpfel haben beim Kochen einen geringeren Nährstoffverlust, wenn sie samt Schale gegart werden. Vor dem Kochen sind die Erdäpfel gründlich zu waschen.
- Achten Sie beim Schälen darauf, daß die Schale so dünn wie nur möglich entfernt wird, da gerade unter der Schale die meisten Nährstoffe angesammelt sind.
- Nach dem Schälen Erdäpfel nur kurz abspülen oder wässern. Langes Wässern führt zu erheblichen Nährstoffverlusten.
- Erdäpfel immer heiß schälen, allerdings vor dem Schälen kurz mit kaltem Wasser abschrecken.
- Erdäpfel, die bereits keimen, sollten nicht mehr verwendet werden, da sie stark an Geschmack verlieren und süßlich schmecken.
- Suppen, Saucen und Gemüse lassen sich ganz einfach mit einem geriebenen Erdapfel binden.
- Versalzene oder zu scharfe Speisen können durch Zugabe eines geriebenen oder eines in Würfel geschnittenen Erdapfels gemildert werden.
- Erdäpfelsalat sollte noch am Tag seiner Zubereitung aufgegessen werden. Bleibt ein Rest über, diesen nicht länger als 24 Stunden im Kühlschrank aufbewahren.
- Auch gekochte Erdäpfel nicht länger als 24 Stunden aufheben. Sie verlieren sonst an Qualität und Geschmack.

Nährwerte

100 g Erdäpfel (roh) enthalten:

Kcal: 70 / kJ: 298

Wasser	77,8 g
Eiweiß	2,0 g
Fett	0,1 g
Kohlenhydrate	14,8 g
Ballaststoffe	2,0 g

Wissenswertes über Reis

Reis gibt es in unzähligen Sorten, und es kommen immer neue Kreuzungen dazu. Diese Sorten teilt man im wesentlichen in 3 Grundtypen.

A. Langkornreis
Ein Reis, der hauptsächlich für jene Beilagen und Reisgerichte verwendet wird, bei denen der Reis körnig und locker bleiben soll.

B. Rundkornreis
Diese Art findet ihre Verwendung bei Süßspeisen, Risottos, Kroketten, Reisteigen usw. Es handelt sich um Speisen, bei denen der Reis eher „klumpig" und feucht sein soll.

C. Mittelkornreis
Dieser verhält sich sehr ähnlich zum Rundkornreis. Er ist vielleicht etwas körniger und eignet sich auch für die bei Rundkornreis angeführten Speisen.

Sorten und ihre Eigenschaften

Patna-Reis
Es handelt sich dabei um die bei uns am weitesten verbreitete Langkornreissorte; sie stammt aus Indien.

Basmati-Reis
Dies heißt übersetzt: duftender Reis. Er zählt zu den edelsten polierten Langkornreissorten und wächst nur in einigen Regionen Indiens.

Aboria- und Avorio-Reis
Bei diesen beiden Sorten handelt es sich um Rundkornreis mit großen, ovalen, geschliffenen Reiskörnern. Angebaut werden sie in Italien und sind hervorragend für Risottos geeignet.

Naturreis
Diesen kennt man auch unter der Bezeichnung Vollkorn- oder Braunreis. Er ist noch von der Silberhaut umgeben und enthält noch all seine wichtigen Nährstoffe. Naturreis gibt es in allen Grundtypen wie Langkorn-, Rundkorn- und Mittelkornreis.

Roter Reis
Er kommt aus ökologisch kontrolliertem Anbau, z. B. aus dem Rhone-Delta in der Camarque. Er ist ein unpolierter Mittelkornreis mit leicht rötlichbrauner Außenhaut.

Wildreis
Hier handelt es sich nicht um Reis, sondern um das reisähnliche Korn einer nordamerikanischen Wassergrasart, das mit viel Mühe händisch geerntet wird. Wildreis hat einen sehr würzigen Geschmack. Aufgrund seines hohen Preises wird er gerne unter normalen Reis gemengt.

So wie bei den Erdäpfeln haben wir uns auch beim Reis nur auf die gängigsten Sorten beschränkt.

Parboiled Reis – Was versteht man darunter?
Hier handelt es sich um Reis, in dem trotz Schälens die Vitamine und Mineralstoffe zum großen Teil erhalten bleiben.
Die Vitamine und Mineralstoffe werden vor dem Schälen durch Wasserdampf in das Korn gepreßt.

Wildreis
Avorio
Roter Reis
Siam Patna
Basmati
Aboria
Naturreis

Garmethmoden

Wasserreis-Methode

Diese Zubereitungsmethode eignet sich besonders für Langkornreis. Man gibt ihn in reichlich kaltes Salzwasser, läßt ihn einmal aufkochen, reduziert die Hitze und kocht den Reis ca. 15 bis 20 Minuten. Anschließend Reis abseihen, abtropfen lassen und ein Stück THEA unterrühren.

Quellreis-Methode

Rundkornreis mit Flüssigkeit (Wasser, Suppe, Milch usw.) und Salz einmal aufkochen, Hitze reduzieren und zugedeckt etwa 20 Minuten dünsten lassen. Zum Schluß ein Stück THEA untermengen.
Das Verhältnis Flüssigkeit zu Reis sollte 2:1 sein, allerdings ist auch auf die Packungsangabe zu achten.

Risotto-Methode

Dafür Reis in zerlassener THEA oder BONA-Öl leicht anrösten, nach und nach mit Flüssigkeit (Wasser, Suppe oder Wein) aufgießen; umrühren, würzen. Die Konsistenz sollte breiig sein.

Mengenangaben pro Portion

Reis als Suppeneinlage	2–3 dag roher Reis
Reis als Beilage	5–6 dag roher Reis
Reis als Hauptgericht	8–10 dag roher Reis

Nährwerte

100 g Reis poliert (roh) enthalten:

Kcal 343 / KJ: 1460

EW:	6,8 g
Fett:	0,6 g
KH:	77,7 g
Ballaststoffe:	1,3 g

100 g Reis unpoliert (roh) enthalten:

Kcal: 344 / KJ: 1463

EW:	7,2 g
Fett:	2,2 g
KH:	74,0 g
Ballaststoffe:	2,2 g

Wissenswertes über Teigwaren

Gegenüber früheren Zeiten können heute Teigwarengerichte ohne viel Aufwand auf den Tisch gezaubert werden. Der Lebensmittelhandel bietet eine große Auswahl an unterschiedlichsten Sorten in bester Qualität.
Trotzdem möchte ich Ihnen nachstehend ein Rezept für einen hausgemachten Nudelteig bekanntgeben, denn es ist noch immer etwas Besonderes, seine Familie und Freunde mit Selbstgemachtem zu verwöhnen.

Nudelteig (Grundteig)

Zutaten für 2 Portionen:
10 dag glattes Mehl
1 Ei
1 Eßlöffel BONA-Öl
1–2 Eßlöffel Wasser
1 Prise Salz

1. Alle Zutaten rasch zu einem geschmeidigen Teig verkneten, in Klarsichtfolie wickeln und mindestens 30 Minuten kühl rasten lassen.
2. Teig auf bemehlter Arbeitsfläche dünn ausrollen und nochmals 15 Minuten ruhen lassen. Anschließend Nudeln in beliebige Form schneiden.

Dieser Teig eignet sich für alle Nudelsorten, aber auch für Ravioli, Tortellini, Cannelloni und Lasagneblätter.

Wichtig für die Zubereitung des Teiges

- Nur zimmerwarme Eier verwenden.
- Teig nie auf einer kühlen Arbeitsfläche (z. B. Marmor) kneten.
- Teig immer gut zugedeckt, am besten in Klarsichtfolie gewickelt, rasten lassen.
- Teig nur auf einer gut bemehlten Arbeitsfläche ausrollen.
- Teig nach dem Ausrollen etwas antrocknen lassen und dann weiterverarbeiten.
- Bei der Zubereitung von Ravioli und Tortellini Teig ohne Antrocknen gleich weiterverarbeiten.
- Teig nach dem Schneiden zum Trocknen locker auf ein sauberes Tuch legen und einige Stunden trocknen lassen.
- Selbstgemachte Teigwaren (außer Ravioli und Tortellini) sind gut verschlossen und trocken gelagert einige Wochen haltbar.

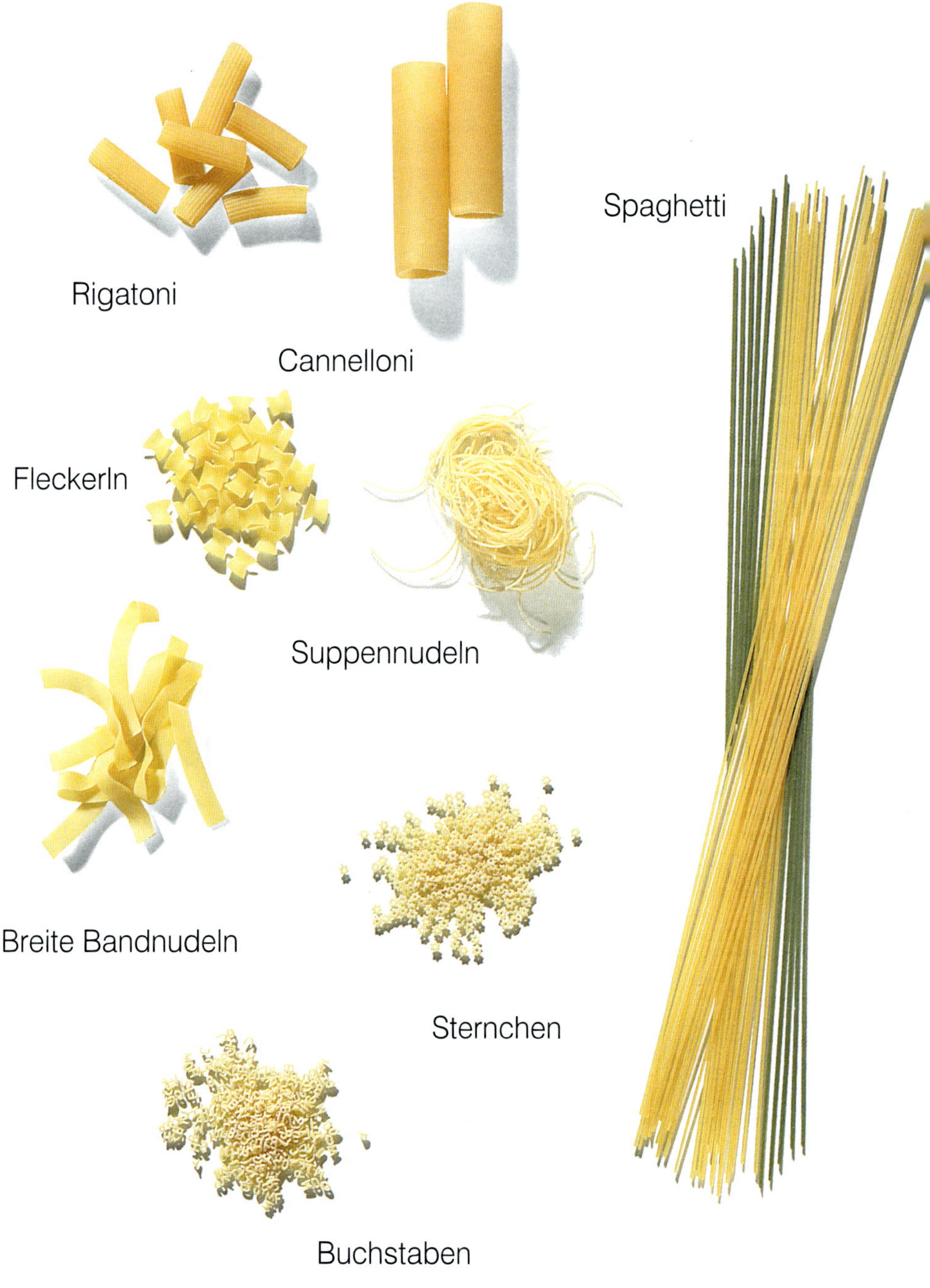
Rigatoni
Cannelloni
Spaghetti
Fleckerln
Suppennudeln
Breite Bandnudeln
Sternchen
Buchstaben

Spiralen
Tagliatelle
Penne
Hörnchen
Farfalle
Muscheln
Ravioli
Tortellini
Reisnudeln
Lasagne
Makkaroni

Färben oder Aromatisieren des Teiges

Kräuter: Diese fein hacken (z. B. Basilikum, Thymian oder Salbei) oder mit etwas Salz und Öl pürieren und zum Teig geben.
Knoblauch: Je nach Größe 3 oder 4 geschälte Knoblauchzehen mit Salz und etwas Öl pürieren und in den Teig einarbeiten.
Safran: 2 oder 3 Messerspitzen gemahlenen Safran mit 1 Eßlöffel warmem Wasser verrühren und in den Teig kneten.
Steinpilze: Getrocknete Steinpilze im Mixer fein zerkleinern und dem Teig hinzufügen.
Paradeismark: Zum Färben 1 oder 2 Eßlöffel Mark in den Teig einarbeiten.
Spinat: Teig mit 2 oder 3 Eßlöffeln feinpassiertem Spinat verkneten.

Tips

- Teigwaren immer in reichlich Salzwasser kochen.
- Selbstgemachte Teigwaren benötigen eine kürzere Garzeit als gekaufte.
- Damit Teigwaren nicht zusammenkleben, in das Kochwasser ein nußgroßes Stück THEA geben.
- Das Mitkochen von 2 oder 3 Knoblauchzehen verstärkt den Geschmack der Teigwaren.
- Teigwaren nicht kalt abschwemmen. Die Teigwaren werden dadurch zu stark abgekühlt, und die Stärkeschicht, an der die Sauce haften bleibt, wird entfernt.
- Teigwaren, die als Beilage serviert werden, nach dem Abseihen in zerlassener THEA schwenken.
- Aus gekochten Nudelresten lassen sich hervorragende Salate und Aufläufe zubereiten.

Nährwerte
100 g Eierteigwaren (roh) enthalten:
Kcal: 354 / KJ: 1501

EW:	12,3 g
Fett:	2,7 g
KH:	69,9 g
Ballaststoffe:	3,3 g

Fachausdrücke

abschäumen: Entfernen des Schaums nach dem ersten Aufkochen von Fleisch- und Fischbrühen, aber auch von Marmeladen.
abschrecken: heißes Kochgut mit kaltem Wasser abschwemmen.
anlaufen lassen: Zwiebel, Gemüse oder Mehl bei schwacher Hitze in THEA – ohne Farbe nehmen zu lassen – erhitzen.
anrösten: in heißer THEA scharf anbraten, bis sich eine Kruste gebildet hat.
ausbacken: Backgut in heißem Fett oder Öl schwimmend garen.
auslassen: Erhitzen von fetthaltigen, zerkleinerten Lebensmitteln (z. B. grüner Speck) zur Fettgewinnung.
ausnehmen: Entfernen der Eingeweide bei Geflügel und Fisch.
ausradeln: ausgerollten Teig mit einem Teigrad in Form bringen.
blanchieren: kurz in kochendes oder heißes Wasser tauchen,
a) um Mandeln, Paradeiser, Pfirsiche usw. leichter zu schälen;
b) um Gemüse (Paprikaschoten) die Schärfe zu nehmen;
c) um Karfiol, Kohl und Kraut leichter verträglich zu machen.
Consommè: klare, kräftige Rindsuppe.
Crêpes: kleine, hauchdünn gebackene Palatschinken.
Croutons: in THEA geröstete Brotwürfel, die als Suppeneinlage oder zum Bestreuen von Salaten verwendet werden können.
entfetten: in klare Suppe oder Naturbratsaft etwas kaltes Wasser geben und das Fett, das dadurch nach oben steigt, mit einem flachen Löffel abschöpfen.
Farce: feingehacktes oder püriertes Fleisch für Füllen oder Pasteten.
flambieren: a) kleine Mengen von hochprozentigem Alkohol (meist erwärmt) über eine Speise gießen und anzünden.
b) feine Federn von gerupftem Geflügel über einer Kerze oder einer kleinen Gasflamme absengen.
karamelisieren: Zucker durch Erhitzen langsam schmelzen, bis er sich je nach Wunsch hell bis braun färbt. Ein Stück THEA beifügen.
legieren: Suppen oder Saucen mit Dotter oder Dotter-Rahm-Gemisch binden.
marinieren: a) Salatsauce unter Salat mischen.
b) Fleisch oder Fisch in eine Art Beize legen.
melieren: Mehl nach und nach, am besten mit einem Kochlöffel, unter eine Masse mengen.
montieren: kalte THEA-Flocken mit einem Schneebesen oder Stabmixer in eine nicht mehr kochende Flüssigkeit einschlagen, bis eine sämige Konsistenz entsteht.
pochieren: Fisch, Fleisch, Eier oder Gemüse knapp unterhalb des Siedepunkts (ca. 95 Grad, d. h. gerade noch nicht kochend) garziehen lassen.
reduzieren: Flüssigkeit (z. B. Saucen, Suppen) so lange kochen, bis durch Verdunsten die gewünschte Konsistenz erreicht ist.
Tranche: eine Schnitte von gekochtem oder gebratenem Fleisch.
Zeste: längliche dünne Streifen von Orangen- oder Zitronenschalen.
ziselieren: leichtes Einschneiden von portioniertem Fisch oder Fleisch, damit sich die Ränder beim Garen nicht aufbiegen oder die Haut beim Fisch platzt.

Sachgruppenregister

HAUPTGERICHTE OHNE FLEISCH

HAUPTGERICHTE MIT FLEISCH

HAUPTGERICHTE MIT FISCH

AUFLÄUFE UND GRATINS

BEILAGEN

SCHNELLES

SÜSSES

Alphabetregister